Ansgar Hörsting

Ich will dem Durstigen geben …

Das Buch zur Jahreslosung 2018

SCM
Hänssler

SCM

Stiftung Christliche Medien

SCM Hänssler ist ein Imprint der SCM Verlagsgruppe, die zur Stiftung Christliche Medien gehört, einer gemeinnützigen Stiftung, die sich für die Förderung und Verbreitung christlicher Bücher, Zeitschriften, Filme und Musik einsetzt..

FSC www.fsc.org MIX Papier aus verantwortungsvollen Quellen FSC® C014496

Max-Eyth-Straße 41 · 71088 Holzgerlingen
Internet: www.scm-haenssler.de; E-Mail: info@scm-haenssler.de

Die Bibelverse wurden folgender Ausgabe entnommen:

Neues Leben. Die Bibel, © der deutschen Ausgabe 2002 und 2006 SCM R.Brockhaus in der SCM Verlagsgruppe GmbH Witten/Holzgerlingen.

Weiter wurden verwendet:

Elberfelder Bibel 2006, © 2006 by SCM R.Brockhaus in der SCM Verlagsgruppe GmbH Witten/Holzgerlingen. (ELB))

Gute Nachricht Bibel, revidierte Fassung, durchgesehene Ausgabe in neuer Rechtschreibung, © 2000 Deutsche Bibelgesellschaft, Stuttgart. (GNB)

Lutherbibel, revidierter Text 1984, durchgesehene Ausgabe in neuer Rechtschreibung, © 1999 Deutsche Bibelgesellschaft, Stuttgart. (LUT)

Hoffnung für alle ® Copyright © 1983, 1996, 2002, 2015 by Biblica, Inc.®. Verwendet mit freundlicher Genehmigung des Herausgebers Fontis – Brunnen Basel. (HFA)

Und die eigene Übersetzung des Autors. (eig. Übers.)

Umschlaggestaltung: Miriam Gamper-Brühl | Agentur 3Kreativ | Essen
Titelbild: Rudchenko Liliia, Tatiana_Kost94 (shutterstock.com)
Satz: Christoph Möller, Hattingen
Druck und Verarbeitung: GGP Media GmbH, Pößneck
Gedruckt in Deutschland
ISBN 978-3-7751-5812-1
Bestell-Nr. 395.812

Inhalt

Vorwort

Jemand hat einmal gesagt: »So, wie Durst auf die Existenz von Wasser hinweist, so weist unsere Sehnsucht nach Gott auf dessen Existenz hin.« Darum geht es in der Jahreslosung 2018: Durst – Wasser – Gott.

> »Ich will dem Durstigen geben von der Quelle des lebendigen Wassers umsonst.«
> *(Offenbarung 21,6; LUT)*

Dieser Satz ist prägnant. Er tut gut – auch dann, wenn ich aktuell keinen Durst habe. Er spricht dieses existenzielle Bedürfnis jedes Menschen nach Wasser an. Aber es geht um mehr: um Gott, um seine Gegenwart in unserem Leben, um unseren Durst nach ihm. Er selbst wird unseren Durst löschen. Um dieses Gefühl, um Gottes Geschenk, sein Wirken und seine Perspektive für die Welt und für Sie ganz persönlich geht es in diesem Buch.

Es hat zwei Teile. Im ersten Teil beleuchte ich den Vers der Jahreslosung von verschiedenen Seiten. Die Quintessenz ist zugleich die Überschrift: Gott wird's gut machen! Im zweiten Teil zeige ich, was die Tatsache, dass Gott es gut machen wird, für jetzt und hier und heute und mich und uns bedeutet. Die Kapitel des zweiten Teils schließen jeweils mit Fragen zum persönlichen

Weiterdenken, und Sie werden angeregt, jeweils einen Satz für sich persönlich mitzunehmen.

Dann sage ich mal: »Prosit!«

Prosit heißt übersetzt: »Es nütze.« Mir hat es nämlich schon genützt. Der Text und die Arbeit an diesem Buch haben mich durch schwere Zeiten getragen. Mir ging es nicht gut – und ich bekam Hilfe aus diesem Bibelvers. Sie werden ein wenig davon erfahren, und ich vertraue darauf, dass dieses Wort auch Ihnen nützen wird.

Ansgar Hörsting, Witten im Frühjahr 2017

Teil 1

Gott wird's gut machen!

1 Von Schleiern, Nebel und Nebelschleiern

Es war mir absolut schleierhaft, wie bei diesem Zahnschmerz das Gebiss jemals wieder normal funktionieren könnte. Der Schmerz machte mich dumpf. Aber der Zahnarzt strahlte Zuversicht aus. Er erklärte mir seinen Plan und versprach: Alles wird gut. Er machte eine Zeichnung meines Gebisses und davon, was er zu tun gedachte. Er machte einen kompetenten Eindruck. Der muss es wissen, dachte ich. Und er strahlte ebendiesen Optimismus aus, der mich ansteckte. Es ging mir gleich viel besser, obwohl der Schmerz noch da war. Aber ich fühlte mich in guten Händen. Seine Zeichnung, seine Kompetenz und sein Optimismus zeigten mir, was kommen kann. Ich bekam im dumpfen Schmerz doch noch Zuversicht.

Schmerz ist wie Nebel. Man weiß manchmal nicht weiter und sieht nicht den nächsten Schritt. Beim Skifahren bin ich schon oft in Nebelbänke geraten. Man sieht dann nichts mehr. Auf Pisten ist das kein so großes Problem, weil alles präpariert ist und man immer irgendwie herunterkommt. Aber wenn es einen neben der Piste erwischt, kann es gefährlich werden. Es ist immer ein besonderes Ereignis, wenn der Nebel weicht, wenn man plötzlich wieder etwas sieht, wenn man ein Stück blauen Himmel sieht. Ich atme dann auf! Ich weiß wieder, wo es langgeht. Das macht den Schritt oder den nächsten Schwung wieder sicher.

Das letzte Buch der Bibel heißt im Griechischen »Apokalypse« und das heißt wörtlich »Entschleierung«. Es hebt den Schleier. Oder um es in dem anderen Bild zu sagen: Es vertreibt den Nebel. Es zeigt, was ist und werden wird. In deutschen Bibeln wird das Buch, in dem die Losung für dieses Jahr zu finden ist, meistens Offenbarung genannt.

Und so fängt das Buch an:

> Dies ist eine Offenbarung von Jesus Christus, die ihm Gott gegeben hat, um seinen Dienern die Ereignisse, die in Kürze eintreten, bekannt zu machen. Ein Engel wurde gesandt, der sie Johannes, dem Diener Gottes, verkündete … Gott segnet jeden, der diese prophetische Rede an die Gemeinde liest, und er segnet alle, die sie hören und befolgen …
>
> *(Offenbarung 1,1-3)*

Das mag ich. Keine langen Vorreden. Der kommt zur Sache. Hier wird eine Offenbarung Gottes angekündigt, eine »Entschleierung«. Schon die ersten Sätze dieses letzten Buches der Bibel haben es in sich. Wie war das nun genau? Gott gab also Jesus Christus die Offenbarung. Der gab sie über einen Engel an Johannes. Der schrieb sie auf. So wurde sie den Gemeinden übermittelt. Es ist eine lange Kette. Der Beginn dieses Buches verdeutlicht, dass Gott der Ursprung dieser Offenbarung ist und Johannes ein Übermittler, der alles an die Gemeinden weitergibt.

Es folgen 22 Kapitel voller Botschaften, Visionen, Gottesbegegnungen, Kriege, Katastrophen, Kämpfe, Ungeheuer, himmlische Einsichten, Gottesanbetungen, Siegel und Posaunen. Wie im ersten Satz handelt es sich hier um eine Abfolge von Ereignisseen. Es kann einem schwindelig werden, wenn man diese Kapitel liest. Man stolpert durch eine fremde Landschaft und fragt sich, wie das alles zu verstehen ist. Und genau darüber wurde viel nachgedacht und manchmal auch spekuliert. Deswegen kann einem noch schwindeliger werden, wenn man liest, wie dieses Buch während der letzten zwei Jahrtausende interpretiert wurde.

Aber dann: Wenn man sich durch die ersten 20 Kapitel gearbeitet hat und im 21. Kapitel landet, dann wird endlich alles gut! Wie nach einer langen, mühsamen, zum Teil gefährlichen Wanderung durch einen dichten Wald voller Abgründe und Dornensträucher, den man hinter sich lässt, tritt man dann im 21. Kapitel plötzlich und unvermittelt aus dem Dickicht hervor und sieht das ersehnte Ziel!

Und das Gute ist: Es ist erlaubt, direkt auf die Lichtung zu treten. Ohne Umwege betreten wir mit der Jahreslosung 2018 die Vision von dem, was kommen wird. Wir lassen alles hinter uns und schauen uns das Ziel an, in das der Vers eingebettet ist. Ich bitte Sie, den folgenden Bibelabschnitt ganz langsam zu lesen. Auch wenn Sie ihn schon kennen, vielleicht schon hundertmal gelesen haben: Nehmen Sie sich die Zeit und lassen Sie das Bild vor Ihrem inneren Auge entstehen, das hier in Offenbarung 21,1-8 gemalt wird:

> Dann sah ich einen neuen Himmel und eine neue Erde, denn der alte Himmel und die alte Erde waren verschwunden. Und auch das Meer war nicht mehr da. Und ich sah die heilige Stadt, das neue Jerusalem, von Gott aus dem Himmel herabkommen wie eine schöne Braut, die sich für ihren Bräutigam geschmückt hat. Ich hörte eine laute Stimme vom Thron her rufen: »Siehe, die Wohnung Gottes ist nun bei den Menschen! Er wird bei ihnen wohnen und sie werden sein Volk sein und Gott selbst wird bei ihnen sein. Er wird alle ihre Tränen abwischen, und es wird keinen Tod und keine Trauer und kein Weinen und keinen Schmerz mehr geben. Denn die erste Welt mit ihrem ganzen Unheil ist für immer vergangen.«
> Und der, der auf dem Thron saß, sagte: »Ja, ich mache alles neu!« Und dann sagte er zu mir: »Schreib es auf, denn was ich dir sage, ist zuverlässig und wahr!« Und er sagte auch: »Es ist vollendet! Ich bin das *A und das Z* – der Anfang und das *Ziel*. Jedem, der durstig ist, werde ich aus der Quelle, die das Wasser des Lebens enthält, umsonst zu trinken geben!

Wer siegreich ist, wird dies alles empfangen; ich werde sein Gott sein, und er wird mein Sohn sein. Doch die, *die feige den Glauben verlassen,* und die Treulosen und diejenigen, die abscheuliche Taten tun, und die Mörder und Unzüchtigen und die, die Zauberei treiben, die Götzendiener und alle Lügner – sie erwartet der See, der mit Feuer und Schwefel brennt. Das ist der zweite Tod.« (Hervorh d.A.; eig. Übers.)

Das ist mächtig und schön.

Ein neuer Himmel – eine neue Erde. Neu! Wie sehen sie aus? Das Bild ist noch vage und verschwommen. Die letzten Nebelschwaden scheinen noch durchzuziehen. Und doch sieht man schon genug. Schon entsteht ein Bild, das alle Erwartungen übertrifft und Zuversicht vermittelt. Der alte Himmel und die alte Erde sind vergangen, auch das Meer. Es ist etwas ganz Neues geschaffen worden. Und das neue Jerusalem, die Heilige Stadt, kommt herab, zurechtgemacht, geschmückt, schön. Eine sehr schöne Stadt!

Plötzlich hört Johannes eine Stimme vom Thron. Eine große, laute Stimme. Sie erklärt, worauf es bei dieser Stadt und in dieser neuen Welt ankommt. Nämlich: Gott wohnt bei den Menschen, mitten unter ihnen. Sie werden seine Völker sein. Interessant, dass hier wirklich »seine Völker« und nicht »sein Volk« steht. Es ist Gottes Volk, ja, aber es ist ein buntes Volk aus allen Sprachen, Volksgruppen und Nationen (vgl. Offenbarung 7,9).

Jede Träne wird Gott abwischen.
Der Tod wird nicht mehr sein.
Trauer wird nicht mehr sein.
Kein Weinen wird mehr sein.
Kein Schmerz wird mehr sein.

Denn all das gehört zur Ersten, zur gefallenen, von Schuld zerstörten Welt. Lassen Sie das auf sich wirken.

Nun spricht der, der auf dem Thron saß. Jesus selbst.

»Ja, ich mache alles neu!«

Gibt es eine kürzere Beschreibung von dem, was Gott tut? Er macht alles neu.

Er fordert Johannes auf, aufzuschreiben, was er sieht und hört. Es sind wahre Worte: Es ist geschehen. *Ich bin das A und Z, der Anfang und das Ziel.* Ich werde dem Durstigen geben von der Quelle des lebendigen Wassers umsonst. Wer überwindet, wird dies alles empfangen; ich werde sein Gott sein, und er wird mein Sohn sein. Doch die, *die feige den Glauben verlassen,* und die Treulosen und diejenigen, die abscheuliche Taten tun, und die Mörder und Unzüchtigen und die, die Zauberei treiben, die Götzendiener und alle Lügner – sie erwartet der See, der mit Feuer und Schwefel brennt. Das ist der zweite Tod (vgl. Offenbarung 21,6-8 nach Luther; Hervorh d.A.; eig. Übers.).

Im Schmelztiegel der Westtürkei

Wie ist es zu dieser Offenbarung und diesem Text gekommen? Wer war Johannes? Und welche Bedeutung hatten die Worte damals, als sie die Gemeinde erreichten?

Johannes war einer der Jünger Jesu und mit ihm in Israel unterwegs gewesen. Im Johannesevangelium liest man, wie er die ganze Sache mit Jesus erlebt hat.[1]

Johannes ließ sich später in Ephesus nieder. Ephesus hatte sich zu einer religiösen und wirtschaftlichen Metropole für die römische Provinz »Asien« entwickelt. Und bald schon war Ephesus wie die gesamte Provinz auch für die ersten Christen von hoher Bedeutung. Hier entstanden Gemeinden, hier wuchsen sie. Manche Forscher behaupten, Ephesus habe bald schon den frühen Gemeindezentren Jerusalem und Antiochien den Rang abgelaufen, bevor später Rom eine vorherrschende Stellung in der Christenheit einnahm. Dort also lebte Johannes, und er war bald der letzte noch lebende Jünger, der letzte von den Zwölfen, der »Alte«[2].

Ephesus liegt in der heutigen Westtürkei, im damaligen Kleinasien oder der Provinz »Asien«. Ich muss mir das selbst immer wieder vor Augen halten, welche Bedeutung dieser Landstrich früher hatte. Ich vergesse es ständig, weil die heutige Westtürkei eher geringe Bedeutung hat. Politisch, wirtschaftlich und kulturell ist die Westtürkei keine hervorzuhebende Zone. Und religiös? Sie ist muslimisch dominiert. Die Orte der sieben

Sendschreiben der Offenbarung sind antike Stätten. Man muss schon graben und forschen, um etwas von der Bedeutsamkeit dieser Gegend kennenzulernen.

Aber genau diese Gegend war im ersten Jahrhundert unserer Zeitrechnung extrem vital. Die Provinz Asien wurde durch einen friedlichen Anschluss im Jahre 133 v. Christus Teil des Römischen Reiches. Sie wurde bald zu einem Umschlagplatz für allerlei Waren für den gesamten Mittelmeerraum. Aus Osten und Westen strömte eine Vielzahl religiöser Kulte in die Gegend. Manche existierten nebeneinander her. Andere konkurrierten miteinander. Es gab keine homogene Kultur oder dominierende Volksgruppe. Es war ein Mischmasch aus allem. Politisch war Rom die dominierende Macht. Das Römische Reich stand in voller Blüte. Extrem effizient in seiner Verwaltung, intelligent in der Schaffung von Infrastruktur wie Straßen und Häfen und bewundernswert in der Baukunst. Die Römer wussten, wie viel Freiheit sie den Provinzen lassen mussten und wie viel Strenge anzuwenden war, um dieses Riesenreich zusammenzuhalten. Zuckerbrot und Peitsche, damit kannten sie sich aus.

Man kann sagen, dass viele Merkmale von dem, was wir heute Globalisierung nennen, damals in Kleinasien wie in vielen Ecken des Mittelmeerraumes zu finden war. Während unsere Vorfahren in Deutschland noch in den Wäldern hockten, war hier schon ein globalisierter »Melting Pot« (Schmelztiegel) entstanden. Etwas zugespitzt gesagt, war das Einzige, was fehlte, das Internet und somit die Schnelligkeit und Dichte der Informationsvermittlung.

Kein Wunder, dass Paulus in dieser Gegend missionarisch tätig war. Und siehe da, die Gemeinden entwickelten sich dort recht schnell und stark. Zunächst galten sie in den Augen der Menschen als jüdische Sekte. Sie stellten ja den Juden Jesus in den Mittelpunkt, zitierten die jüdischen Schriften als Gottes Wort und waren den Synagogen irgendwie verbunden. Das war aber nicht mehr lange haltbar und es wurde klar, dass es sich um einen eigenen »Kult« handelte. Die »auf dem Wege«, die »Christen«, die »Jesus-Leute«.

Neben den wirtschaftlichen, religiösen und politischen Entwicklungen gab es auch noch die Bewegung der sogenannten »Hellenisierung«. »Hellas« heißt nichts anderes als »Griechenland«. Die griechische Kultur war Impulsgeberin für vieles, was in Rom Bedeutung bekam. Viele römische Führungspersönlichkeiten hatten in Griechenland ihre Bildung genossen oder waren von ihr beeinflusst. Die Götterwelt, die Philosophie, die Suche nach Wahrheit, die Lehre vom Menschen und vieles mehr hatten griechische Wurzeln. »Hellenisierung« bedeutete, dass diese Art zu denken in das gesamte Miteinander der Menschen und Kulturen Einzug halten sollte und Einzug hielt. Der gebildete Mensch stand hoch im Kurs. Und zu dieser Bildung gehörte auch ein hohes Maß an Toleranz. »Hellenisierung« war die Geisteshaltung, die helfen sollte, diesen riesigen Melting Pot beisammenzuhalten.

Denn je mehr verschiedene, miteinander konkurrierende Kräfte aufeinanderstoßen – und das ist in einer globalisierten Welt der Fall –, desto wichtiger ist eine Geisteshaltung, die den Einzelnen tolerant macht. Und wer nicht tolerant ist, der ist gefährlich für das Miteinander. Deswegen meinten manche: Keine Toleranz dem Intoleranten. Diese Haltung kann man sehr gut in Apostelgeschichte 17 ablesen, als Paulus in Athen, einem Zentrum von »Hellas«, wirkte. Die Stadt war vollgestellt mit verschiedenen Götterbildern. Es gab auch einen Altar mit der Inschrift »Dem unbekannten Gott«. Man weiß ja nie, was es noch so gibt, und da geht man auf Nummer sicher. Von den Athenern und denen, die dort als Fremde lebten, wird gesagt, sie »brachten ihre Zeit mit nichts anderem zu, als etwas Neues zu sagen und zu hören« (Apostelgeschichte 17,21). Sie waren auch an dem interessiert, was Paulus an neuer Lehre zu sagen hatte (Apostelgeschichte 17,19).

Diese Art zu leben und zu denken, war eine starke Kraft der damaligen Welt in Kleinasien. Sie war nicht die einzige, aber eine, die man kennen musste.

Es spitzte sich zu

Nun trat in den 80er-Jahren des ersten Jahrhunderts eine andere Macht auf. Domitian bestieg in Rom den Kaiserthron und machte einen guten Anfang, wie ihm allgemein attestiert wurde. Aber später entwickelte er sich zu einem Tyrannen sondergleichen. Ab 86 nach Christus ließ er sich »Gott, der Herr« nennen. Man huldigte ihm wie einem Gott. »Heil dem Herrn! Wer ist dir gleich, du allein, würdig bist du. Würdig ist er, zu nehmen das Reich. Herr der Herren, Höchster unter den Hohen. Gott aller Dinge, Herr für ewig …«[3] Dies war erstmalig der Fall für einen römischen Kaiser. Diese Anbetung war in Rom selbst noch relativ leicht durchzusetzen, denn dort regierte er ja und man sah ihn. Aber man kann sich vorstellen, dass die Durchsetzung eines solchen Machtanspruches in den Provinzen schwerer wurde.

Es tat sich ein Konflikt auf: Die Christen beteten ihn nicht an. Da Domitian alle Mittel einsetzte, die ihm zur Verfügung standen, um seine Forderung durchzusetzen, wurden sie bald als staatsgefährdend identifiziert und verfolgt. Aber es gab auch Hellenisierer, die ihm diese Art der Gefolgschaft verweigerten. Und dann gab es auch genügend Römer und romtreue Leute, die merkten: Wer zu viel Einheitsdruck macht und auch noch solche religiösen Selbsterhöhungen durchsetzen will, der verliert am Ende die Kraft, wirklich zusammenzuführen. Am Ende scheiterte Domitian. Er wurde umgebracht – und das Reich atmete auf. Aber bis dahin säumten Leichen, Gewalt und Verfolgungen seinen Weg.

Die Christen in der Provinz Asien waren solche, die sich der Anbetung Domitians verweigerten. Sie beteten Jesus Christus an. Es entging Domitian nicht, dass es noch einen Augenzeugen der ersten Generation gab: Johannes, der Alte, aus Ephesus. Tertullian berichtet (200 n.Chr.), dass Kaiser Domitian Johannes nach Rom beorderte, ihn dort verhörte und foltern ließ und dann auf die Insel Patmos verbannte. Denn solche Leute waren eine Gefahr fürs Reich. Sie waren eine Gefahr für Tyrannen und Alleinherrscher.

Dieser Johannes also empfing auf der Insel Patmos das, was er dann aufschrieb und was wir im Buch der Offenbarung lesen. Der Alte hatte Autorität. Und ihm wurde offenbart, was ist und was geschehen wird. »Apokalypse« heißt das Buch im Original. Unter Apokalypse stellen sich die meisten eine infernalische Untergangsstory vor. Die Kräfte geraten aus den Fugen, die Welt geht unter – Apokalypse now! Apokalypse heißt aber einfach »entrollen« – es wird also etwas entrollt, etwas gezeigt, eben offenbart. Der alte Johannes sah, was andere nicht sahen, und er vermittelte es.

Die Offenbarung

Das Buch der Offenbarung ist ein besonderes. Es greift auf alttestamentliche Bilder zurück, ohne ständig wörtlich zu zitieren. Es sieht auf den ersten Blick aus wie ein Buch der jüdischen Apokalyptik, die seit dem 2. Jahrhundert vor Christus die jüdische Literatur prägte. Auf den zweiten Blick unterscheidet sie sich jedoch. Sie ist in eine ganz bestimmte Situation hinein geschrieben, nämlich in die der Gemeinden in Kleinasien mit den Konflikten, die ich eben beschrieben habe. Sie bezieht sich mehr als andere Bücher des Neuen Testaments auf das Weltgeschehen und weist zugleich weit über das aktuelle Weltgeschehen hinaus.

Dieses Buch ist heute für viele von uns nur noch schwer zu lesen. Und damit befinden wir uns in guter Gesellschaft. Luther zum Beispiel konnte nicht spüren, dass dieser Text »vom Heiligen Geist eingerichtet sei«.[4] Und ehrlich gesagt ging es mir lange ähnlich.

Aber das ändert sich. Denn die »Offenbarung« ist ein richtungsweisendes Buch für eine umkämpfte, angefochtene, zum Teil verfolgte, zum Teil verführte und deswegen müde Gemeinde von Jesus Christus. Und es ist ein Buch, das in besonderer Weise auch die weltpolitische Situation einblendet, mehr als andere Schriften im Neuen Testament. Es ist ein Buch für Christen in einer globalisierten Welt. Das klingt doch aktuell, oder?

Damals war der leitende und letzte Augenzeuge, Johannes »der Alte«, gefangen auf Patmos. Neben den Nachrichten an die sieben Gemeinden, neben einer Schau auf die Bedrohungen, die kommen werden, endet dieses Buch in einer Schau von kosmischer Weite. Das muss man genießen.

Die Jahreslosung steht mitten in einer Vision, die Johannes hat und die beschreibt, was geschehen wird. Es kommen eine neue Erde und ein neuer Himmel. Und es kommt das himmlische Jerusalem, Gottes Wohnort bei den Menschen. Jede Träne wird er abwischen, der Tod wird nicht mehr sein, keine Trauer, Geschrei, Schmerz! Alles macht Gott neu. Er ist Anfang und Ende. Und dieser Gott sagt: »Ich will dem Durstigen geben von der Quelle des lebendigen Wassers umsonst« (Offenbarung 21,6; LUT).

Was für ein Ausblick! Was für ein Lichtblick! Was für eine Zusage! Was für ein Sehnsuchtsort. Was für ein Schatz.

Die Zusage vertreibt den Nebel. Und obwohl jetzt noch Schmerz und Trauer herrschen, obwohl die Zeiten bedrohlich sind, mitten hinein in die Bedrohung entsteht eine Vorstellung davon, was einmal sein wird. Das tröstet. Das stärkt. Das schenkt Zuversicht.

2 Kostbare Gnade

Jesus wird dem Durstigen aus der Quelle lebendigen Wassers umsonst geben. Damit ist eine Lieblingstätigkeit Gottes angesprochen. Schenken, ohne eine Gegenleistung zu erwarten. Umsonst, ohne Bezahlung.

Im menschlichen Miteinander gibt es vier Umstände, unter denen es etwas umsonst gibt.

1. Das, was zu bekommen ist, ist einfach wertlos.

Meine Frau und ich haben vor Jahren anlässlich eines Umzugs versucht, alles, was wir nicht mehr behalten wollten, auf einem Trödelmarkt zu verkaufen. Immerhin konnten wir einiges noch an den Mann oder die Frau bringen. Und neben den Standgebühren hatten wir noch Geld für ein Abendessen eingenommen. Als sich der Markt langsam leerte, spürte ich die Sorge in mir aufsteigen, dass wir zu viele Sachen wieder nach Hause nehmen. Sie würden, das ahnte ich, die nächsten Jahre in einer Kiste im Keller verbringen und nur Platz rauben. Mit dieser Sorge im Nacken fing ich an, die Sachen einfach zu verschenken. Sobald jemand nur einen kleinen Blick auf einen Gegenstand warf, der ein wenig Interesse verriet, sagte ich ihm: »Sie können es haben.« Ungläubiger Blick zurück. »Ja, umsonst.« So wurde ich doch noch einiges los. Im normalen Miteinander mache ich das in der

Regel nicht. Aber die Sachen hatten ihren Wert verloren, weil sich keiner interessierte, weil keiner etwas bezahlen wollte und weil ich sie nicht behalten wollte. In diesem Fall etwas umsonst zu geben, ist nicht schwer.

2. Das, was zu bekommen ist, steht einfach jedem zur Verfügung.

So wie zum Beispiel die Luft zum Atmen oder das Sonnenlicht. Zum Glück müssen wir dafür nichts bezahlen. Noch nicht. Oder nicht mehr. Es gab Zeiten, da mussten Hausbesitzer für ihre Fenster Steuern zahlen – wegen des Sonnenlichts, das ins Haus schien. Deswegen wurden in dieser Zeit die Fenster immer kleiner. Es gibt eben nichts, was Menschen nicht zu Geld machen wollen. Wenn aber etwas allgemein zur Verfügung steht, ist es eigentlich umsonst, obwohl es sehr kostbar ist. Das wissen alle, die mal unter Smog gelitten haben. Da weiß man wieder, was frische Luft wert ist!

3. Das, was wir haben möchten, ist zu kostbar, als dass es irgendwer bezahlen könnte.

Und weil es unbezahlbar ist, ist es umsonst. Die Liebe eines Menschen ist so etwas. Sie ist kostbar und unbezahlbar. Es gibt keine Währung dafür. Für die technische Erledigung von Sex kann man bezahlen, für Dienstleistungen, ja sogar für ein Lächeln. Aber echte Liebe kann man nicht bezahlen. Durch keine Leistung, durch kein Geld, durch kein Geschäft. Die letzte Möglichkeit, etwas umsonst zu bekommen, ist damit verwandt:

4. Das, was zu bekommen ist, bekommt man aus Liebe.

Denn Liebe schenkt gerne. Wo Menschen einander lieben, da schenken sie ohne Gegenleistung. Wenn das über Jahre einseitig ist, fragen wir, ob auch die Liebe einseitig ist. Sie wird hinterfragt. Aber wer liebt, der schenkt gerne.

Der Dreh- und Angelpunkt

Gott gibt umsonst. Als Geschenk. Nur warum? Weil es wertlos ist? Nein. Was er gibt, ist kostbar. In der Wüste weiß man, dass Wasser kostbar ist. Und es wird global immer wertvoller, wie uns Experten sagen. Inzwischen ist ein Kampf darüber entbrannt, wer Zugang zu Wasserquellen hat und diese Kämpfe werden in Zukunft wahrscheinlich zunehmen. Das lebendige Wasser, das Gott hier anbietet, ist wertvoll.

Oder will Gott es umsonst geben, obwohl es zwar wertvoll ist, aber eben jedem immer zur Verfügung steht? Auch das kann nicht sein. Denn dann wäre nicht vom »Durstigen« die Rede. Es gäbe keinen Durstigen, wenn Wasser immer und überall zur Verfügung stünde.

Am ehesten gilt das: Lebendiges Wasser – so, wie es hier gemeint ist – ist zu kostbar! Und Gott schenkt es, weil er liebt. Gott schenkt, weil das, was er schenkt, unbezahlbar ist. Weil es keine Währung dafür gibt. Und er schenkt, weil er liebt. Gott liebt, indem er schenkt!

Und damit ist ausgesprochen, was zwischen Gott und Mensch und Mensch und Gott immer eine große Rolle spielt. Es ist entscheidend und tausendfach missverstanden worden. Es ist für uns Menschen missverständlich, weil es unsere normalen menschlichen Denkmuster sprengt, und weil es zwischen Menschen nur sehr selten und schwer funktioniert. Und deswegen können wir es kaum verstehen. Und wenn wir es einmal verstanden haben, ist es noch lange nicht verinnerlicht: Gott schenkt. Gott schenkt das Kostbarste, das er hat. Gott schenkt das Kostbarste umsonst! Der theologische Begriff dafür ist Gnade. Gnade heißt wörtlich Geschenk (gratia). Gott gibt umsonst – gratis!

Bei uns gilt oft: »Kostet nix, is' nix!« Und wenn uns jemand einen Gefallen tut, dann schauen wir, ob wir uns revanchieren können. Das ist normal. Es ist verständlich.

Gott gibt. Und zwar das Kostbarste! Ihn kostet es alles. »Denn Gott hat die Welt so sehr geliebt, dass er seinen einzigen Sohn hingab …« (Johannes 3,16). Da steht wieder dieses Wort: geben bzw. hingeben. Und »wird er uns mit ihm dann nicht auch alles andere schenken?« (Römer 8,32).

Ja, Gott hat sich an die Menschheit selbst verschenkt.

Das ist es, worum es Gott geht. Er schenkt uns seine Gemeinschaft, sein Wort, seine Liebe, ewiges Leben. Er schenkt uns Rettung vom ewigen Tod. Er schenkt uns Heil. Er schenkt uns sein Reich, seine Herrschaft. Am Ende der Tage wird er bei uns in einer Weise wohnen, wie wir es jetzt nie erleben können. Dann wird Friede sein, vollkommen. Dafür gebraucht er das Bild des Wassers. Wasser ist Lebenselixier. Wasser ist lebensnotwendig. Wasser ist kostbar. Er wird es schenken. Umsonst. Uneingeschränkt. Bis dahin werden wir Gott auch erleben können, wenn auch nur vorläufig.

Aber immer ist Gott gnädig! Das ist das große Thema der Bibel.

Zwei Missverständnisse

Wenn dem so ist, müsste doch alles klar sein, oder? Leider nicht. Auch das Schöne und Einfache wird im Herzen von Menschen kompliziert. Gnade wird missverstanden, ausgenutzt, billig gemacht, teuer gemacht.

Dietrich Bonhoeffer nannte ein großes Missverständnis der Gnade die »billige Gnade«. Damit meinte er eine Gnade, die zur Ramschware verkommt. Wie geschieht das? Dadurch, dass in der Kirche von Gnade und Gnade geredet wird, aber der Preis, den Gott bezahlt hat, unterschlagen wird. Weil Gnade zugesprochen wird, obwohl sie keiner haben will. Weil sie denen hinterhergeworfen wird, die nicht danach dürsten.

Konkret kritisierte er in seiner Zeit Christen, die nicht für die Juden aufstehen, aber zugleich in der Kirche fromme Lieder singen. Billige Gnade ist ein Beruhigungsmittel, das überdosiert eingenommen zum geistlichen Tod führt. Billige Gnade ist Zuspruch Gottes ohne Anspruch. Es ist eben nicht kostbare Gnade.

Es gibt auch das andere Missverständnis: Gnade, die zu teuer gemacht wird. Unter der Hand muss sie doch verdient werden, obwohl das ja eigentlich nicht geht und das auch keine Gnade mehr im ursprünglichen Sinne ist. Eine zu teure Gnade begegnet mir, wenn sehr fromme Leute von anderen verlangen, erst dies zu verstehen, jenes Verhaltensmuster zu verändern oder einen bestimmten (fromm klingenden) Wortschatz zu beherrschen, bevor man ihnen die Gnade Gottes zusprechen könne.

Aber Gnade ist Gnade ist Gnade. Und wenn Bedingungen erhoben werden, ist es keine mehr. Deswegen kann »Durst« auch nicht als Bedingung bezeichnet werden, nicht als Leistung. Durst ist eine Sehnsucht, die einfach da ist, und keine Leistung.

Unfassbar anders und ewig aktuell

Neulich erzählte mir ein Freund von einigen Jugendlichen, von denen er viele gut kannte. Und er kannte auch die Gemeinde, aus der sie kamen. Er hatte herausgefunden, dass alle diese Jugendlichen – wirklich alle durch die Bank – massive und permanente Schwierigkeiten hatten, Gottes Liebe als Geschenk anzunehmen. In Gesprächen wurde deutlich, dass sie eigentlich bei jedem biblischen Thema sehr bald schon und ständig das Gefühl hatten, sie müssten sich Gottes Gegenwart und Heil irgendwie mühsam verdienen und erst Voraussetzungen schaffen, damit Gott sein Heil schenken könne. Sie fühlten sich nicht vorbereitet, nicht würdig, nicht in der geistlichen Verfassung, Gottes Liebe und Gegenwart in ihrem Leben als Geschenk zu erfassen.

Dadurch, dass mein Freund viele dieser Jugendlichen und die Gemeinde, aus der sie kamen, kannte, wusste er: In dieser Gemeinde wurde nicht gesetzlich gepredigt. Immer und immer wieder wurde schon seit vielen Jahren gesagt und auch so gelebt, dass wir als Menschen keinen Katalog von Anforderungen abzuarbeiten haben, um Gott gnädig zu stimmen. Im Gegenteil. Gemeindeleben und Verkündigung waren stark ausgerichtet am Evangelium von Jesus Christus.

Und doch hatten die Jugendlichen das Gegenteil verinnerlicht.

Wir fragten uns, ob sie das vielleicht im Elternhaus gelernt hatten. Gab es dort vielleicht solche Botschaften? Er kam zu dem Ergebnis, dass das zwar vereinzelt möglich sein konnte, bezweifelte aber, dass das »durch die Bank« so war. Damit war unsere These aufgestellt: Geschenke nicht ohne Gegenleistung annehmen zu können, ist ein Muster, das dem Menschen ganz tief innewohnt. Da kommt er nicht so einfach raus. Es ist das Muster menschlicher Kultur, woher es auch immer kommen mag. In allen Kulturen ist es zu finden. Menschliches Miteinander braucht dieses Muster. Zwar braucht menschliches Miteinander auch Gnade! Aber die ist eben seltener anzutreffen. Sie ist kostbarer, sie ist scheu.

Und weil wir dieses Muster ganz tief in uns tragen, bleibt das Thema der Gnade ewig aktuell. Und deswegen berührt uns die Jahreslosung 2018. Denn dass es etwas Kostbares umsonst gibt und dass Gott ein Meister der Gnade ist, ist eigentlich unfassbar. Es bringt uns zum Staunen.

Und es gibt dazu noch so viel zu begreifen. Wir müssen immer wieder »Zurück zur Gnade«, wie ein Buchtitel des bekannten Autors Philip Yancey lautet[5]. Er fragt darin, wie es kommt, dass viele Menschen, die mit Kirche nichts oder nicht viel am Hut haben, wenn sie an Kirche denken, nicht an Gnade denken! Wie es kommt, dass sie an Enge denken. Wie es kommt, dass ihnen Machtmissbrauch einfällt. Manches, so Yancey, wird von Leuten, die Kirche nicht kennen, als Stereotype gepflegt. Aber manches liegt daran, dass Christen von allem Möglichen reden und so leben, aber eben nicht von Gnade! Sie sind bekannt dafür, dass sie engstirnig sind, alte Moralvorstellungen pflegen, dass sie insgesamt etwas verkrampft sind, aber nicht, dass sie Gnade leben und ausstrahlen.

Sein Buch ist ein dringender Appell, Gnade wieder zum Hauptthema der Christen zu machen. Diesem Appell schließe ich mich von Herzen an. Kostbare und tröstende Gnade ist das, was durch Jesus gekommen ist und wovon wir leben. Und sie macht noch mehr.

Heilig und lebensverändernd mächtig

Entscheidend ist auch, dass Gottes Gnade die Gnade eines starken Gottes ist. Gott ist »Alpha und Omega«, wie es im Originaltext in Offenbarung 21 steht. Das sind die ersten und letzten Buchstaben des griechischen Alphabets. Gott ist Anfang und Ziel. Gott ist groß, größer als ich mir denken kann. Es ist der heilige Gott, der gnädig ist. Es ist der Gott, der auch anders könnte. Seine Gnade bleibt Geschenk und kann nicht automatisch eingerechnet werden, so, als wäre er dazu verpflichtet. Das wäre keine Liebe. Es wäre keine Gnade. Und es wäre nicht die Gnade eines heiligen, großen Gottes. Gott ist kein schmächtiger Gott, der keine Macht hat. Ein schwacher Gott, ein Göttlein, ein »ach, Gottchen« könnte nicht gnädig sein. Gnade kann der walten lassen, der auch anders kann. Gnade ist es nur, wenn jemand die Macht hat und wenn Gnade Geschenk bleibt. Ich kann ein Geschenk nicht einklagen. Ich kann nicht sagen: »Du musst mir das schenken, das ist dein Job.«

Man kann so von Gnade sprechen, dass sie billig wird, und so, dass sie bedeutungslos wird, wenn Gott nicht Gott bleibt, der groß ist. Die Heiligkeit Gottes, die Macht Gottes, seine Ehre und seine Gnade bedingen einander. Das eine ist ohne das andere nicht zu haben. Gnade ohne Größe ist belanglos. Größe ohne Gnade macht uns fertig.

Wenn etwas umsonst ist, dann kann das im Deutschen auch bedeuten, dass es vergeblich ist. Ohne Wirkung! »Das war völlig umsonst!«, schimpfen wir dann, wenn unser Einsatz für eine Sache vergeblich war.

»Umsonst« ist hier aber als »kostenfrei« zu verstehen. Ohne Grund … ohne Bedingung … Gnade ist daher umsonst, aber nicht vergeblich. Sie ist wirksam. Sie lässt uns nicht so, wie wir sind. In Titus 2,12 steht, dass die Heil bringende Gnade Gottes uns – ja wie soll man es übersetzen? – erzieht, unterweist, prägt, verändert oder in Zucht nimmt, wie Luther übersetzte. Hier steht das griechische Wort »paideuousa«, von dem unser Wort Pädagogik kommt. Pädagogische Konzepte verändern sich, deswegen übersetzte Luther »in Zucht nehmen«, denn das war die Pädagogik seiner Zeit. »Zucht« klingt in unsere Ohren nach Prügel, wobei das gar nicht stimmt. Zucht kann, recht verstanden, etwas sehr Wichtiges sein: nämlich Disziplin. Aber wir würden es heute nicht mehr so übersetzen. Auf jeden Fall ist Gnade eine gute Pädagogin. Mit Geduld. Mit Vergebung. Mit Kraft zur Veränderung.

Und ihre Kraft erscheint umso mächtiger, je größer unser Durst ist …

3 Fieberhafte Sehnsucht

Durst ist ein Zustand, der für viele Menschen biblischer Zeiten eine Bedrohung darstellte. »Die Elenden und die Armen suchen nach Wasser, und es gibt keins, ihre Zunge vertrocknet vor Durst«, schreibt der Prophet Jesaja (Jesaja 41,17). Als besondere Strafe gilt, zwar ständig zu arbeiten, aber doch Durst zu leiden (vgl. Hiob 24,11; Haggai 1,6).

Heute beziehen wir Durst zunächst auf Wasser oder auf andere Getränke. Durst nach Wasser ist existenziell. Durst sagt uns, dass wir Mangel leiden. Hätten wir keinen Durst, würden wir schnell sterben. Durst ist ein lebensrettendes Signal der Zellen an das Gehirn: »Wir brauchen Nachschub!« Es ist ein überlebenswichtiges Signal, das die Suche nach Wasser (oder Ähnlichem) auslöst. Und je durstiger wir werden, desto fieberhafter die Suche.

Der Durst der Seele

Weil Durststillen solch ein existenzielles Bedürfnis ist, bezieht David dieses Gefühl auch auf sein Verlangen nach Gott.

»Mich dürstet nach Gott, nach dem lebendigen Gott«

(Psalm 42,3). »Gott, du bist mein Gott; dich suche ich von ganzem Herzen. Meine Seele dürstet nach dir, mein ganzer Leib sehnt sich nach dir in diesem dürren, trockenen Land, in dem es kein Wasser gibt« (Psalm 63,2).

In der Unterredung zwischen Jesus und der samaritischen Frau kreist das Gespräch ständig um Wasser und Durst. Sie sitzen ja auch an einem Brunnen. Die Frau war dorthin gekommen, um Wasser zu schöpfen. Und vordergründig geht es um dieses materielle, spürbare und nasse Wasser, aber bald schon wird klar: Wasser steht für mehr.

Jesus sagt: »Wer aber von dem Wasser trinkt, das ich ihm geben werde, der wird niemals mehr Durst haben. Das Wasser, das ich ihm gebe, wird in ihm zu einer nie versiegenden Quelle, die unaufhörlich bis ins ewige Leben fließt« (Johannes 4,14). Ein nicht ganz leicht zu verstehender Satz. Die Frau hört auch nur den ersten Teil und antwortet: »Herr, gib mir dieses Wasser, damit mich nicht dürste und ich nicht hierherkomme, um zu schöpfen« (Johannes 4,15; ELB). Sie ist der Annahme, Jesus verfüge über materielles Wasser, das den Durst für immer stillen könne. Sie erhofft sich eine Arbeitserleichterung. Aber hier wird Durst nach Wasser zu einem Bild für etwas anderes. Etwas, das mit Ewigkeit zu tun hat, mit dem Ewigen selbst, mit Gott.

Dann kreist das Gespräch um die Frage, wo oder wie Gott anzubeten sei. Die Frau fragt, ob der richtige Ort der Anbetung in Samaria oder in Jerusalem sei. Jesus macht ihr und damit allen klar, die diese Texte später lesen, dass »die wahren Anbeter den Vater in Geist und Wahrheit anbeten werden« und dass der Vater solche als Anbeter suche (Johannes 4,23; ELB). »Gott ist Geist, und die ihn anbeten, müssen in Geist und Wahrheit anbeten« (Johannes 4,24; ELB).

Was wir anbeten

Anbetung. Das ist das große Thema im Buch der Offenbarung.[6] Irgendetwas betet der Mensch immer an. Die Frage ist nur, wen oder was. Beten wir Götter oder Ideologien, vielleicht menschliche Idole oder den Konsum an – oder beten wir den einen wahren Gott an, der Himmel und Erde gemacht hat?

Wenn wir nicht Gott anbeten, dann beten wir etwas anderes an. Vielleicht muss ich es etwas anders formulieren. Anbetung heißt: Ich gebe jemandem Macht über mein Leben. Ich beuge mich vor jemandem oder vor etwas und drücke damit aus: Du hast das Sagen. Wenn nicht Gott das Sagen in meinem Leben hat, dann jemand anderes: Konsum. Mehrheitsmeinung. Die Nation. Ich. Mein Über-Ich. Meine innere Jury. Der Mond. Sternenkonstellationen. Mein Vergnügen. Mein Auto. Was auch immer. Es gibt wohl nichts, was nicht eine gottgleiche oder gottähnliche Funktion ausüben könnte. Wir dürsten nach einer übergeordneten Macht oder Struktur oder Idee. Oder nach Gott.

Durst nach Gott und Anbetung Gottes liegen dicht

beieinander. Durst nach Gott wird in der Anbetung gestillt. Anbetung zeigt: Wir dürsten nach jemandem oder etwas, der oder das größer ist als wir kleinen Menschen.

In Geist und Wahrheit anbeten heißt: den wahren Gott, den Schöpfer des Himmels und der Erde, durch Jesus Christus im Heiligen Geist anbeten. Seine Herrschaft anerkennen. Seine Wahrheit anerkennen. Darin wird der Durst des Menschen nach Gottes Gegenwart gestillt.

Es gibt Leute, die sagen, die Tatsache, dass wir nach Gott fragen, beweist, dass es ihn gibt. So wie Durst beweist, dass es etwas geben muss, dass diesen Durst stillt.

Jeder Mensch hat eine Ahnung von Gott. Sein Durst nach ihm mag verschüttet sein, aber er ist da. Ein ehemaliger Bischof im Osten Deutschlands sagte einmal über manche ehemalige DDR-Bürger: »Zuerst haben sie Gott vergessen, dann haben sie vergessen, dass sie Gott vergessen haben!« Und es stimmt. Es gibt Leute, die mit Gott nichts anfangen können. Ich bin aber überzeugt, dass diese Ahnungslosigkeit nur von kurzer Dauer ist. Vor allem bin ich überzeugt: Wir brauchen nur ganz selbstverständlich von und mit Gott zu reden, dann kommt dieser Durst nach ihm ganz schnell wieder.

Durst nach Gerechtigkeit

Es gibt noch einen anderen Hunger und einen anderen Durst, nämlich den nach Gerechtigkeit (Matthäus 5,6). Jesus sagt, dass Leute, die nach Gerechtigkeit hungern und dürsten, gesättigt werden! Gerechtigkeit in der Bibel meint ein Verhalten, das der Gemeinschaft, der Beziehung untereinander entspricht und sie fördert. Ein Verhalten, das sich in den bestehenden Beziehungen als treu, als zuverlässig erweist. Gerechtigkeit ist Gottes Verhalten dem Menschen gegenüber. Er ist gerecht und schafft Gerechtigkeit. Und der Mensch soll sich gerecht verhalten, also der Gemeinschaft entsprechend und zuverlässig.

Die Diskussion darüber, was gerecht ist, kann lange und intensiv geführt werden. Und am Ende wird man feststellen, dass es keine letzte Gerechtigkeit auf der Erde gibt. Denn die Fragen bleiben. Ist es gerecht, dass ich in einer Familie mit Mutter und Vater und drei Geschwistern aufwuchs, immer gut zu essen hatte, mit Eltern, die sich kümmerten und mich förderten, und ich so zu einer Ausbildung kam, die es mir heute ermöglicht, mich um mich selbst zu kümmern – während zum selben Zeitpunkt Kinder woanders aufwuchsen, die nichts dergleichen hatten? Als ich einen Drogenabhängigen begleitete, erfuhr ich, dass er schon als Dreijähriger von seiner Mutter mit Alkohol beruhigt und von Kindesbeinen an systematisch in eine Drogenkarriere geführt wurde. Sicher, er musste lernen, das nicht als »Entschuldigung« für seine Kriminalität zu nehmen und nicht in die »Opferrolle« zu schlüpfen, aber erklären tut das schon einiges. Und was ist hier gerecht?

Meine Frau ist Kinderkrankenschwester. Sie versorgt auch Kinder, die schon als Drogenabhängige zur Welt kommen und in den ersten Wochen einen Entzug durchmachen. Ist das gerecht?

Die Flüchtlingssituation zeigt uns: Weltweit sind die Verhältnisse zum Teil so schlimm, dass Leute einfach nur noch rauswollen aus ihrem Land. Sie sehen keine Perspektive. Die Eliten sind korrupt, es gibt keine Rechtsprechung, die Starken setzen sich durch. Wer kann es nicht verstehen, dass sich Leute in der Hoffnung auf den Weg machen, woanders eine »gerechtere« Welt zu finden?

Ich weiß nicht, was Gerechtigkeit genau ist. Ich weiß nur, dass diese Welt ungerecht ist. Ich ahne, dass die Welt mit ihren wirtschaftlichen Verbindungen und Abhängigkeiten unfair ist, ja, dass das Leben unfair ist. Und ich weiß, dass ich ein Teil dieses ungerechten Systems bin, immer! Auch wenn ich versuche, mich herauszuziehen, bleibe ich ein Teil dieser Ungerechtigkeit. Das ist die Realität. Habe ich dennoch Hunger und Durst nach Gerechtigkeit? Ich hoffe es. Aber ich befürchte, dass ich mich viel zu oft mit der »Ungerechtigkeits-Realität« arrangiere, mitschwimme, mitmache und es mir möglichst gut gehen lasse. Ich genieße zum Beispiel den Luxus von günstigen Produkten und schere mich nicht darum, wie sie wohl zustande kamen und wer möglicherweise unter sklavenartigen Bedingungen litt, damit ich so leben kann, wie ich lebe. Aber wenn ich Gottes Gerechtigkeit und Macht und Liebe kenne, dann habe ich Durst, einen furchtbaren Durst, eine fieberhafte Sehnsucht nach Gerechtigkeit. Es muss sich etwas ändern! Jesus preist diejenigen als glücklich, die Hunger (und Durst) nach

Gerechtigkeit haben, weil das der Beziehung zu ihm und zu seinen Menschen entspricht.

Durst steht dafür, dass wir uns sehnen. Nach Leben, nach Gerechtigkeit, nach Frieden – nach Gott. Diese existenziellen Bedürfnisse sind gemeint, wenn die Bibel Durst als Bild gebraucht. Manchmal spüre ich diese Sehnsucht. Und manchmal bricht sie sich in vielen anderen Empfindungen und Sehnsüchten wie das weiße Licht in verschiedene Farben.

Sehnsucht ist laut Wikipedia »ein inniges Verlangen nach einer Person, einer Sache, einem Zustand oder einer Zeitspanne, die/den man liebt oder begehrt. Sie ist mit dem schmerzhaften Gefühl verbunden, den Gegenstand der Sehnsucht nicht erreichen zu können.«

Mein großer Durst

Als ich dieses Buch schrieb, trieb auch mich etwas um. Ein Durst, eine Sehnsucht mit dem schmerzhaften Gefühl, das Ziel vielleicht nie erreichen zu können. Ein Lebensgefühl, das mich noch manchmal beschleicht und von dem ich vermute, dass andere es auch kennen …

Es fing vor einiger Zeit an.

Ich hatte den Eindruck, dass alles, aber wirklich alles, ohne Ausnahme in extremen Veränderungsprozessen stand und ich diesen Veränderungen nicht mehr gewachsen war. Ich hatte nicht mehr die Kraft, mich darauf einzustellen. Ja, die Welt ändert sich eben immer. Das ist eine Binsenweisheit. Aber es ist auch eine Binsenweisheit, dass die Veränderungen immer schneller vonstattengehen. Deswegen braucht man heute eine Fähigkeit, die zur Wissenschaft geworden ist: das »Change-Management«. Also die Fähigkeit, mit Veränderungen kreativ umzugehen oder selbst Veränderungen in Gang zu setzen. Ich habe schon vor vielen Jahren gelernt, das zu tun. Ich bin ein initiativer Mensch. Veränderungen haben mir immer Spaß gemacht. Und wenn nicht, dann habe ich mich der Disziplin unterzogen, daran Spaß zu finden. Denn die Alternative ist, sie als Opfer zu erleiden und dann von den Veränderungen überrollt zu werden. Es war mir immer wichtig, das zu vermeiden. Ich wollte lieber ein Gestalter von Veränderungen als deren Opfer sein. Und wenn Veränderungen geschehen, muss ich lernen, sie zu nutzen, anstatt mich an die Seite zu stellen und sie zu beklagen.

So war ich zum Beispiel ans Smartphone und Tablet gekommen, obwohl ich keine starke Nähe zu den technischen Geräten hatte. Ich wollte nicht den Anschluss an Veränderungsprozessen verlieren. Sicherlich, das Internet birgt viele Gefahren. Aber auch Chancen. Also nutze ich sie. So ist es mit allen Prozessen: Ob Globalisierung, Schnelligkeit, Europa, Datenmengen – jede Veränderung birgt Gefahren. Aber eben auch Chancen – wenn ich sie zu nutzen weiß. Wenn ich die Kraft dazu habe, proaktiv zu bleiben.

Aber nun hatte ich das Gefühl, die Veränderungen würden mich bald wie ein rasender Zug einfach überrollen. Ich gerate unter die Räder und komme nicht mehr mit. Warum? Ich wusste es nicht genau. Es kam einfach. Plötzlich standen Tausende von Fragen im Raum, die ich nicht beantworten konnte, und Hürden, die mir unüberwindbar schienen. Und überhaupt gibt es ja zu jeder Frage zehn bis hundert Meinungen, die einander widersprechen, die ich aber alle nachvollziehen kann. Das strengte mich an und ließ mich ratlos zurück. Ich hatte immer weniger Rat und immer mehr Meinungen. Das einzig Sichere war die Unsicherheit.

Es gab Leute, die mir das Gefühl vermittelten, sie wüssten genau, was wahr ist und was die Lösung sei. Aber ich ahnte, dass sie das nur können, weil sie Teile der Realität ausblenden. Die ehrlichen und redlichen und wirklich denkenden Leute, die haben immer weniger Antworten.

Ich las einen Artikel über das politische Berlin. Die Politiker, so stand dort, werden leise. Und müde. Auch sie schaffen es nicht mehr. Sie geben es in den Hinterzimmern zu. Sie posaunen keine Antworten in die Welt. Die, die posaunen, das sind die Populisten. Ich fragte mich:

Muss man heute Populist sein, um noch eine klare Botschaft vermitteln zu können? Es gibt millionenfache Ungerechtigkeiten. Und ich weiß noch nicht mal, inwiefern ich ein Teil des Problems bin. Ich will doch gerne ein Teil der Lösung sein, bin mir aber unsicher, ob ich mit meinem Lebensstil nicht Teil des Problems bin. Ich möchte gegen Ungerechtigkeit aufstehen und bin doch schon im selben Moment müde. Sollte ich alles verkaufen, was ich habe, und es den Armen geben? Wird die Welt dadurch besser? Gerechter? Nein, wird sie nicht, sagt mir der mitteleuropäische Rationalismus. Und ich habe im selben Moment schon wieder Angst, dass ich mir diese Antwort nur deswegen gebe, weil ich dem Wort Jesu ausweichen will, das er dem reichen Jüngling gab. Der sollte es nämlich tun und tat es nicht. Ich habe darüber viele Andachten und Predigten gehört. Ja, ja, ich weiß. Es geht darum, dass ich nicht mein Herz an den Reichtum hänge. Aber wer sagt mir denn, dass ich es nicht schon lange getan habe?

Es gab – wie ich schon sagte – tausend unbeantwortete Fragen und wenig Gewissheiten. Ich führte keine Liste darüber, aber es gab Fragen wie diese: Wenn die Aufklärung ein Glücksfall war, weil endlich kein Dogma am Anfang steht, sondern der beobachtende und selbst denkende Mensch, was hat er nun außer sich selbst? Ist der Mensch nicht sein eigenes Problem? Hat der Mensch einen freien Willen? Wenn nein, warum kann man ihn zur Rechenschaft ziehen? Wenn ja, wieso lebt er von Gottes Gnade? Wieso kommt der eine als Krüppel zur Welt und der andere gesund? Warum hat der eine Eltern, der andere nicht? Man sagt mir, die Sünde sei in die Welt gekommen und sie sei das Problem. Ja klar, aber warum trifft sie den einen so, den anderen so (oder gar nicht)? Und sagt nicht die Bibel selbst, dass Gott der Urheber von allem ist, auch des Unglücks? Doch, das sagt sie (vgl. Amos 3,6). Das macht dann doch alles erst recht keinen Sinn! Ehrliche Leute wissen das, oder? Wie kann es sein, dass Gemeinden für die einen ein Ort sind, an dem sie Leben, Freiheit, Liebe und Geborgenheit erfahren, und die anderen dort sexuellen Missbrauch, Einengung und geistliche Verbiegung erleben?

Wie können Menschen in Frieden miteinander leben? Wie muss man mit dem IS umgehen? Friedvoll klingt nett, aber ist das nicht total weltfremd? Wie kann der Friede in Europa gefestigt werden?

Glaube und Zweifel

Und als wären diese Fragen nicht schon genug, tauchten immer noch weitere auf: Wenn die Welt von Gott geschaffen wurde, wie hat er das gemacht? In sechs Tagen? Wenn er will, dann kann er das. Aber sind die Berichte in der Bibel zwingend so zu verstehen? Oder hat er es in Millionen von Jahren gemacht? Auch das ist vorstellbar. Aber kommt dann solch ein fantastisches Ergebnis dabei heraus? Und können Mutation und Selektion die Prinzipien sein, mit denen Gott geschaffen hat und schafft? Das passt alles noch nicht so ganz zusammen. Ich sagte ja: tausend Fragen. Und ich wünschte mir, mehr Überzeugungen haben zu können. Aber ich empfand, dass ich das nur erreiche, wenn ich Fakten oder Wahrscheinlichkeiten ignoriere.

Und wie können wir heute Gemeinde Jesu leben? Wie können wir in Deutschland nach vorne kommen? Ich meine damit nicht nur meinen eigenen Gemeindebund, in dem ich zu Hause bin und dem ich mich zugehörig fühle, sozusagen als »Primärfamilie«. Nein, ich meine die Gemeinde Jesu in Deutschland, egal wo und wie sie sich trifft. Wie können wir als seine Leute in Deutschland und weltweit Menschen für Jesus gewinnen?

Ist es eigentlich richtig formuliert? Gewinnt nicht der Heilige Geist selbst? Ja sicher, aber braucht es nicht auch Leute dafür? Doch, doch. Also wie geht es jetzt weiter? Es geht so wenig! Und die begeisterten Berichte von manchen Enden der Welt oder Ecken Deutschlands sind jetzt auch nicht so, dass ich sagen müsste, hier entwickle sich Entscheidendes. Und beruflich gibt es ständig Herausforderungen, Erwartungen und Kräfte, die gegeneinander wirken.

Oder: Kaum einer weiß noch, was warum zu tun oder zu lassen ist. Ethik ist schwierig geworden. Jede verbindliche Antwort kann zerstört werden. Es ist Pragmatismus, dass sich manche dann doch zu ethischen Entscheidungen durchringen, weil man ja irgendwie handeln muss. Aber mit Gewissheit? Alles steht zur Disposition und ich weiß nicht mehr, was ich denken soll, wenn ich ganz ehrlich bin. Habe ich alle Argumente gegen und für eine Haltung oder Meinung schon gehört und abgewogen?

Ich weiß, das ist eine lange Liste. Sie ist eine Zumutung. Und dennoch hätte ich sie noch problemlos verlängern können …

All das machte mich entsetzlich müde!

Ohne Sinn und Ziel?

Meine Gewissheiten schwankten auch in den entscheidenden Fragen:

Kann ich wirklich davon ausgehen, dass in Jesus alles liegt, was ich brauche? Bedeuten sein Leben, sein Tod und seine Auferstehung das, was die Kirche seit Jahrhunderten sagt? Heil, Leben, ewiges Leben? Denn es stehen schon die Gelehrten auf, die die biblischen Texte so verstehen, dass am Ende gar nichts an Gewissheiten bleibt. Es bleiben persönliche Eindrücke und Gefühle. Man kann eine vage Hoffnung auf Jesus haben, aber mehr nicht. Glaube an Jesus kann stimmen, kann aber auch ein psychologischer Selbstbetrug sein.

Und ich wusste: Es gab immer Veränderungen, es gab immer Kriege, es gab immer Tod. Aber heute erfahre ich von allem ständig. Das Internet, das Fernsehen, die sozialen Medien bringen mir alles nach Hause. Man kann mir sagen, ich müsse das ja nicht ansehen. Ja, aber ist das die Lösung?

Die Globalisierung hinterlässt ein Gefühl der Verunsicherung und Überforderung. Ja, es gab immer solche globalisierenden Faktoren, aber so dicht? So schnell? So nah? Und es gibt auf dieser Welt eben Milliarden Menschen in bitterer Armut. Sie wissen nicht, was morgen ist und ob sie zu essen haben werden. Und wenn es weniger Arme gibt, dann nicht, weil sich die Idealisten dieser Welt zusammengetan haben, sondern eher deswegen, weil die Industrie in Indien und China boomt und davon so viele Menschen profitieren, dass ihr Lebensstandard steigt. Und doch gibt es viel Armut. Und ich sitze in meiner Doppelhaushälfte. Im Keller steht der spanische Rotwein. Der Garten ist grün. Der Rasen gepflegt, und ich frage mich, was ich hier mache. Wie entsetzlich langweilig ist das? Bei mir kommt dann noch hinzu, dass wir keine Kinder bekommen konnten. Ich kann das also noch nicht mal an Kinder und Enkel weitergeben, die das Leben weitertragen. Ich habe das Gefühl, satt, übersatt zu sein. Wie ein sehr alter Mann, der nichts mehr vor sich hat, außer unüberwindbare Hürden. Ich bin erschlagen, müde, kraftlos. Ich kann für kein Ziel mehr brennen, sehe keine realistische Chance, für ein wirklich lohnenswertes Ziel noch mit voller Leidenschaft leben zu können.

Und mittendrin betete ich und fragte mich, was Jesus eigentlich tut? Ich hatte das Gefühl, er schaut sich das alles an und tut nichts! Ich habe ihn angeschrien und war erschrocken über meine Tränen der Verzweiflung. Ich fühlte mich allein mit der Frage: Wo bist du?

Schnelle Lösungen und Scheinantworten

Manche sagten: »Du brauchst dich doch nicht mit alldem zu befassen – und schon gar nicht gleichzeitig. Das ist ungesund.« Oder: »Du wirst eben älter.« »Du bist ausgebrannt! Oder kurz davor!« »Mach mal ein wenig Burnout-Prophylaxe. Tu, was dir guttut!«

Andere sagten mir: »Die Welt ist eben komplex. Und diese Komplexität schlägt auf dich ein. Du brauchst die Fähigkeit, mit Komplexität umzugehen. Und du brauchst mehr Ambiguitätstoleranz.« Da muss ich erst mal nachschlagen, was das ist. Es ist »die Fähigkeit, Doppeldeutigkeiten zu ertragen«.

Ja, natürlich ist das Leben komplex und die Welt auch. Alles hängt eben an allem. Ob ich das will oder nicht. Doppeldeutigkeiten kenne ich schon länger. Alles hat mindestens zwei Seiten. Jedes Problem kann so und auch anders beschrieben werden. Aber was hilft es? Wenn man sensibel nach Gott und Gerechtigkeit fragt, dann kann das den Leidensdruck erhöhen.

Ja, ich gebe es zu: Ich sehne mich immer noch danach, dass ich Antworten bekomme und nicht nur Ambiguitätstoleranz. Ich gebe es zu, ich will auch – nicht nur, aber auch – Lösungen und nicht nur Problembewusstsein. Ich habe Sehnsucht. Aber es kann eine ermüdete Sehnsucht sein. Diese ungestillte Sehnsucht macht mich manchmal unendlich müde. Ich fühle mich müde wie ein Mensch, der schon lange Durst hat und nichts zu trinken findet. Schwach. So schwach, dass er aufhört zu sehnen.

Durst ist allgegenwärtig. Der Teenager sehnt sich nach Anerkennung. Das Ehepaar nach Belebung ihrer Ehe. Der hart arbeitende Mensch nach Urlaub. Politiker nach Lösungen. Und ich nach Antworten.

Durst zu haben, ist kein angenehmer Zustand. Ungestillte Sehnsucht ist nicht schön. Aber Durst ist ein lebensrettendes Signal. Wie Müdigkeit. Die Sehnsucht, die ich in mir trage, die Sehnsucht nach Antworten und nach Klärungen ist gut. Ja, es ist gut, wenn auch anstrengend. So anstrengend, dass ich nicht wusste, wie ich damit weiter umgehen kann. Manchmal sehnte ich mich nicht mehr nach etwas Bestimmtem, sondern nach dem Ende der Sehnsucht. Meine Sehnsucht wurde eine nahezu ermüdete Sehnsucht. Und ich weiß, dass dies ein gefährlicher Nährboden ist. Für Ausflüchte in fundamentalistische Antworten, Scheinantworten oder in Süchte.

Die göttliche Perspektive

Durch den Propheten Jeremia sagt Gott seinem Volk: »Zweifach Böses hat mein Volk begangen: Mich, die Quelle lebendigen Wassers, haben sie verlassen, um sich Zisternen auszuhauen, rissige Zisternen, die das Wasser nicht halten« (Jeremia 2,13). Wie abgestandenes Wasser, so kommen mir viele Antworten und Scheinantworten vor. Es ist eigentlich irrational, lebendiges Wasser zu ignorieren und abgestandenes Wasser zu trinken. Aber so ist es mit den Scheinantworten. Sie werden zur Sucht, wie auch die Sucht nach Drogen, Alkohol, Sex oder anderem Scheinantworten sind. Das Belohnungszentrum im Gehirn bekommt ein kurzes Signal, das sagt, es sei alles in Ordnung, aber es ist nichts in Ordnung. Es ist nur ein Kurzschluss im Gehirn. Helfen tut es nicht.

Schon die Christen in Kleinasien lebten in einer globalisierten Welt. Es war nicht leicht, sich in ihr zu orientieren. Die Griechen erwarteten Weisheit, Bildung und ständige Neuigkeiten. Die Römer erwarteten Gefolgschaft. Domitian verlangte Anbetung. Die verschiedenen Gottheiten und Kulte strömten von Ost und West auf sie ein. Die ersten Christen versammelten sich zunächst in den Synagogen. Aber nun wurde deutlich, dass das nicht mehr passt. Veränderungen am laufenden Band! Komplexe Veränderungen! Und manche waren deswegen müde. Glaubensmüde, lebensmüde, hingabemüde, durchhaltemüde. Nicht alle, aber doch genug. Und sie hatten Gründe dafür.

Das Buch der Offenbarung ist vor diesem Hintergrund entstanden. Gott gibt Perspektive: Ich werde dem Durstigen geben von der Quelle des lebendigen Wassers umsonst.

Ich stelle mir Johannes und die Leute vor, mit denen er in Ephesus und den anderen Orten zu tun hatte. Und ich denke: Wie gut! Wir sind einfach mal gemeinsam müde. Wir brauchen keine Durchhalteparolen. Wir brauchen keine billigen Tipps. Wir brauchen mehr. Wir brauchen eine göttliche Perspektive. Wir brauchen lebendiges Wasser.

4 Gestillte Sehnsucht

Gott beschreibt, was geschehen wird. Die Sehnsucht wird gestillt. Gemeinschaft mit Gott, Gerechtigkeit, Frieden werden kommen. Jede Träne wird abgewischt, es wird keinen Tod mehr geben, keinen Schmerz, kein Geschrei. Ich werde dem Durstigen geben aus der Quelle lebendigen Wassers umsonst. Das muss schön werden: Alle Sehnsucht wird gestillt. Das sehnsüchtige Warten hat ein Ende!

So wie an dem heißen Nachmittag, als ich mit einem Freund eine lang geplante Wanderung antrat. Es waren über 30 Grad. Normalerweise wäre ich zu Hause geblieben, aber der Termin stand lange fest und eine Alternative war nicht in Sicht. Als wir am frühen Abend zurückkamen, kehrten wir in einem Café ein. Wir bestellten uns Wasser und alkoholfreies Bier. Ich kann kaum beschreiben, wie schön es war, das Bier zu trinken. Und ich trank es in einer Geschwindigkeit, die seinesgleichen sucht. Gestillter Durst – das ist etwas Feines! Gestillte Sehnsucht – das ist der Antrieb unseres Lebens.

Suche nach dem Paradies

Der frühere leitende Chefarzt des Diakonie-Krankenhauses Elbingerode, Klaus Richter, sagte einmal, Alkohol und Drogen seien Ausdruck für die menschliche Sehnsucht nach dem verlorenen Paradies. Die Wirkung des Rausches knüpfe an ein »Paradiesgedächtnis« an! Paradies ist das, was am Anfang der Geschichte steht. Das verlorene Paradies und das Paradiesgedächtnis weisen auf etwas hin, was hinter uns liegt, woher wir Menschen kommen. Und wir suchen danach, so die Behauptung von Richter.

Augustinus sagte den berühmten Satz: »Unruhig ist das Herz des Menschen, bis es Ruhe findet, Herr, in dir.« Hinter aller Unruhe und Sehnsucht steckt also im Tiefsten die Sehnsucht nach Gott? »Das Paradies ist anderswo«, lautet der Titel eines Buches des peruanischen Schriftstellers Mario Vargas Llosa. Darin beschreibt er die unermüdliche, zugleich ermüdende Suche des Malers Paul Gauguin nach Leben. Er fand Leben nicht in der bürgerlich einengenden Kirchlichkeit seiner Familientradition. Er suchte es in Liebschaften, er suchte es auf Südseeinseln, er suchte es in der Idee, er selbst sei Ankerpunkt seines Lebens. Er suchte und machte sich kaputt dabei. Vargas Llosa wählt den Titel für sein Buch, um zu umschreiben, was Gauguin feststellen musste: Das Paradies ist anderswo. Es ist immer anderswo. Es ist nie da, wo ich bin. Meine Sehnsucht bleibt.

Es gibt einen Zusammenhang zwischen Sehnsucht

und Sucht: In der Sucht drückt sich meine Sehnsucht nach dem Paradies aus. Paradies – das steht genau für das, was »lebendiges Wasser« meint: Gemeinschaft mit Gott, Gerechtigkeit, Frieden, Leben. Und bis wir es finden, werden wir suchen. Wir ahnen, dass es so etwas geben muss. Das »Paradiesgedächtnis« sagt uns, dass es eine Welt geben muss, die frei von Unterdrückung, Schmerz und Geschrei ist. Und wenn wir die Realität nicht aushalten, flüchten wir uns mitunter in Süchte.

Hoffnung auf echtes Leben

Wasser bedeutet Leben. Im Alten Testament gibt es eine Reihe von Texten, die verheißen, dass es sehr viel davon gibt, wenn Gott sein Heil schenkt. Hier ein paar Wasser-Kostproben:

> »Siehe, ich wirke Neues! Jetzt sprosst es auf. Erkennt ihr es nicht? Ja, ich lege durch die Wüste einen Weg, Ströme durch die Einöde. Die Tiere des Feldes werden mich ehren […] weil ich in der Wüste Wasser gegeben habe. Ströme in der Einöde, um mein Volk zu tränken …«
> *(Jesaja 43,19-20)*

> »Sie werden nicht hungern und nicht dürsten, und weder Wüstenglut noch Sonne wird sie treffen. Denn ihr Erbarmer wird sie leiten und wird sie zu Wasserquellen führen.«
> *(Jesaja 49,10)*

»Auf, ihr Durstigen, alle, kommt zum Wasser! Und die ihr kein Geld habt, kommt, kauft und esst! Ja, kommt, kauft ohne Geld und ohne Kaufpreis Wein und Milch.«
(Jesaja 55,1)

»Und es wird geschehen an jenem Tag, da werden die Berge triefen von Most und die Hügel überfließen von Milch, und alle Bäche Judas werden strömen voll von Wasser. Und eine Quelle wird aus dem Haus des HERRN hervorbrechen und das Tal Schittim bewässern.«
(Joel 4,18)

»An jenem Tag wird für das Haus David und die Bewohner von Jerusalem eine Quelle geöffnet sein gegen Sünde und gegen Befleckung ...«
(Sacharja 13,1)

»... mit dem Strom deiner Wonnen tränkst du sie. Denn bei dir ist der Quell des Lebens ...«
(Psalm 36,9f; alle ELB)

Das gesamte Kapitel 47 des Propheten Hesekiel beschreibt eine große Vision von einem immer breiter und tiefer werdenden Wasserstrom, der aus dem Tempel in Jerusalem hervorgeht, nach Osten ins Tote Meer hineinfließt und sogar dieses tote Wasser zum Leben erweckt. Der Strom macht jedes Lebewesen gesund. Am Ufer wachsen Bäume. Fische schwimmen im Fluss und dann sogar im Meer, das heute Totes Meer heißt, aber dann nicht mehr tot sein wird. Ein großartiges Bild von Leben, das entsteht. Durch Wasser hervorgerufen. Wasser steht immer für Leben, Gemeinschaft mit Gott, Sündenvergebung, Reinigung. Für umfassendes Heil. Für Gottes Fürsorge.

Gestillte Sehnsucht nach frischem, fließendem Wasser[7] ist ein Bild dafür, dass all unser Schmerz, unsere Suche nach Gott und damit unsere Sehnsucht nach dem verlorenen Paradies zur Ruhe kommen. Endlich. Es wird Gerechtigkeit herrschen. Es wird Leben im ganzen Sinne des Wortes sein.

Das, was hier verheißen wird, bezieht sich auf das Heil, das Gott schenkt. Dieses Heil ist uns einerseits in Jesus geschenkt, denn in ihm sind Gottes Verheißungen erfüllt (2. Korinther 1,20). Andererseits steht die umfassende und globale, die ungebrochene und für alle sichtbare Erfüllung noch aus. Das endzeitliche und endgültige Heil wird uns in den Texten des Alten Testamentes angedeutet und in den letzten Kapiteln der Offenbarung beschrieben.

Schon jetzt und erst dann

Über den sterbenden Jesus wird in Johannes 19,28 (wieder Johannes!) berichtet: »Danach, als Jesus wusste, dass alles schon vollbracht war, spricht er, damit die Schrift erfüllt würde: Mich dürstet!« Wieder berichtet Johannes vom Durst. Nun aber ist es Jesus, der seinen Durst beklagt – am Kreuz hängend und sterbend. Das ist stark. Und es ist auch erschütternd. Der, von dem »Ströme lebendigen Wassers« ausgehen, hat Durst.

Das bedeutet, dass die Verlorenheit der Menschheit, der Durst und all die Sehnsüchte der Menschheit auf Jesus liegen. Er stirbt unter der Last der Sünden, so formulieren wir es zu Recht. Und er empfindet dabei das, was Sünde bewirkt. Gottesferne, Sehnsucht nach Gott. Deswegen ruft er: »Mein Gott, mein Gott, warum hast du mich verlassen?« Er nimmt nicht nur meine Sünde auf sich, sondern meinen Durst, meine fieberhafte und ermüdende Sehnsucht. Meine tausend unbeantworteten Fragen. Er nimmt das auf sich und stirbt. Erst am dritten Tag steht er von den Toten auf. Erst da kann man sagen, dass alles erfüllt wird: Ströme lebendigen Wassers fließen von ihm.

Deswegen kann ich gestillte Sehnsucht in der Gemeinschaft mit Jesus jetzt schon haben. Durch den Glauben an ihn kann ich in jedem Moment meines Lebens ein Gespräch mit dem Schöpfer haben. Er hat immer ein offenes Ohr für mich und liebt mich. Mein Durst wird gestillt.

Aber zugleich stimmt auch: Wir sind und bleiben dürstende Menschen. Das Paradies ist verloren. Und auf dieser Erde wird es kein Paradies geben. Alle, die das versucht haben, haben daraus eine Tyrannei gemacht. Besser ist es, realistisch und bescheiden mit den

Verhältnissen hier zu sein. Und darauf zu hoffen, dass Gott selbst »einen neuen Himmel und eine neue Erde« schaffen wird, »in denen Gerechtigkeit wohnt« (2. Petrus 3,13f). Dann wird kommen, was Johannes gesehen hat: »Sie werden nie wieder hungern oder Durst leiden, und sie werden vor der brennenden Sonne und jeder Gluthitze geschützt sein« (Offenbarung 7,16).

Im allerletzten Kapitel wird das noch mal aufgegriffen: »Der Geist und die Braut sagen: Komm! Und wer sie hört, soll sagen: Komm! Wer durstig ist, der komme. Wer will, soll kommen und umsonst vom Wasser des Lebens trinken!« (Offenbarung 22,17). Die Sehnsucht, die mich quält, wird einmal für alle Zeit gestillt werden. Gott selbst wird dafür sorgen.

Immer wieder zugesagt

Die Hoffnung darauf, dass der Durst vollständig gestillt wird, kündigt sich schon im Alten Testament in Jesaja 49,19 an: »Sie werden nicht hungern und nicht dürsten, und weder Wüstenglut noch Sonne wird sie treffen. Denn ihr Erbarmer wird sie leiten und wird sie zu Wasserquellen führen.« Aber erfüllt wird das durch Jesus! Im Johannesevangelium 6,35 (wieder Johannes!) wird Jesus mit den Worten zitiert: »Ich bin das Brot des Lebens: Wer zu mir kommt, wird nicht hungern, und wer an mich glaubt, wird nie mehr dürsten.«

Am letzten Tag des Laubhüttenfestes, an dem die

diensthabenden Priester Wasser um den Altar im Tempel gossen, stand Jesus auf und rief in die Menge[8]: »Wenn jemand dürstet, so komme er zu mir, und es trinke, wer an mich glaubt.« Aus seinem Leib, so sagt es die Schrift, fließen Ströme lebendigen Wassers (Johannes 7,37; GNB).

Jesus ist der, von dem lebendiges Wasser ausgeht. Jesus lehrt Anbetung in Geist und Wahrheit. Er stillt Durst, den Durst nach Gott. Unsere existenzielle Suche und Sehnsucht nach Gott wird in Jesus gestillt.

Und weil das so ist, schwanke ich hin und her. Sie werden es gemerkt haben. Ich schwanke zwischen der Perspektive der Offenbarung und des Johannesevangeliums hin und her. In der Offenbarung wird uns das lebendige Wasser in der neuen Welt, die erst noch geschaffen wird, geschenkt. Im Johannesevangelium schenkt Gott uns schon jetzt durch Jesus lebendiges Wasser.

5 In Gottes neuer Welt

Zufriedenheit – und dann?

Kann es ewige Zufriedenheit geben? Wenn die Tränen abgewischt sind, was dann? Irgendwann erinnert man sich nicht mehr der Tränen, nicht mehr des Geschreis, nicht mehr des Durstes. Und nach menschlichen Maßstäben wird es dann irgendwann langweilig. Es kommt einem der Bayer in Erinnerung, der missmutig und gelangweilt seine Harfe bearbeitet und »Halleluja« singt – ach, was heißt hier singt: meckert! »Luja – sag I.« Ich kenne viele, die sich fragen, wie das dann aussehen wird und wie wir das empfinden werden, wenn »alles gut« ist.

Wenn alles gestillt ist, kommt da nicht die große Langeweile? Wenn es keine Tiefen mehr gibt, gibt es dann noch Höhen? Wenn es keine Tränen vor Schmerz mehr gibt, nachdem sie getrocknet wurden, wird es wohl auch keine Freudentränen mehr geben, oder? Das ist nicht nur gestillter Durst, das klingt nach zu großer Stille. Totenstille.

Eine erste Antwort ist die, dass wir uns davon verabschieden sollten, mit unseren heutigen Möglichkeiten das Leben in Gottes Gegenwart wirklich erfassen zu können. Warum das nötig ist, veranschaulicht die Geschichte von den Zwillingen.[9]

Es geschah, dass in einem Schoß Zwillingsbrüder empfangen wurden. Die Wochen vergingen, und die Knaben wuchsen heran. In dem Maß, in dem ihr Bewusstsein wuchs, stieg die Freude: »Sag, ist es nicht großartig, dass wir empfangen wurden? Ist es nicht wunderbar, dass wir leben?!« Die Zwillinge begannen, ihre Welt zu entdecken. Als sie aber die Schnur fanden, die sie mit ihrer Mutter verband und die ihnen die Nahrung gab, da sangen sie vor Freude: »Wie groß ist die Liebe unserer Mutter, dass sie ihr eigenes Leben mit uns teilt!«

Als aber die Wochen vergingen und schließlich zu Monaten wurden, merkten sie plötzlich, wie sehr sie sich verändert hatten. »Was soll das heißen?«, fragte der eine. »Das heißt«, antwortete der andere, »dass unser Aufenthalt in dieser Welt bald seinem Ende zugeht.« »Aber ich will gar nicht gehen«, erwiderte der eine, »ich möchte für immer hierbleiben.« – »Wir haben keine andere Wahl«, entgegnete der andere, »aber vielleicht gibt es ein Leben nach der Geburt!« – »Wie könnte dies sein?«, fragte zweifelnd der Erste. »Wir werden unsere Lebensschnur verlieren, und wie sollten wir ohne sie leben können? Und außerdem haben andere vor uns diesen Schoß hier verlassen, und niemand von ihnen ist zurückgekommen und hat uns gesagt, dass es ein Leben nach der Geburt gibt. Nein, die Geburt ist das Ende!« So fiel der eine von ihnen in tiefen Kummer und sagte: »Wenn die Empfängnis mit der Geburt endet, welchen Sinn hat dann das Leben im Schoß? Es ist sinnlos. Womöglich gibt es gar keine Mutter hinter allem.« – »Aber sie muss doch existieren«, protestierte der andere, »wie sollten wir sonst hierhergekommen sein? Und wie könnten wir am Leben bleiben?« – »Hast du je unsere Mutter gesehen?«, fragte der eine. »Womöglich lebt sie nur in unserer Vorstellung. Wir haben sie uns erdacht, weil wir dadurch unser Leben besser verstehen können.«

Und so waren die letzten Tage im Schoß der Mutter gefüllt mit vielen Fragen und großer Angst. Schließlich kam der Moment der Geburt. Als die Zwillinge ihre Welt verlassen hatten, öffneten sie ihre Augen. Sie schrien. Was sie sahen, übertraf ihre kühnsten Träume.

So kommt es mir vor, wenn wir über Gottes Zukunft nachdenken. Das sprengt einfach die Grenzen unserer Vorstellung. Das heißt nicht nur, dass die neue Welt kommen wird, sondern dass sie sehr, sehr schön wird. Schöner, als ich sie mir heute denken kann.

Jonas wird vom Pfarrer gefragt: »Jonas, wie stellst du dir das Land vor, in dem Milch und Honig fließen?« Daraufhin Jonas: »Klebrig!« Logisch, nicht wahr? Jonas denkt eben konkret.

Und wie stellen wir uns den Himmel vor? Wolkig? Langweilig? Voller Harfen? Singend? Voller Leute, die nichts zu tun haben? Irgendwo da oben? Auch wenn wir ihn nicht wirklich erfassen können, so wie die Zwillinge vor der Geburt keinen Schimmer von der Welt haben, die sie bald erblicken werden, so haben wir doch Anhaltspunkte.

Zunächst spricht der Text von einem neuen Himmel und einer neuen Erde.

Ich stutze. Ist es nicht so, dass man landläufig davon spricht, »in den Himmel zu kommen«?! Ja, so ist es. Und automatisch läuft ein innerer Film ab: von unsichtbaren Seelen, die auf Wolken schweben, Lieder singen, Einlass bekommen oder nicht, von Petrus, der die Schlüssel hat. Es ist unfassbar, wie tief diese Bilder in der Volksseele schlummern, angesammelt über die Jahrhunderte. Man spricht vom »historischen Langzeitgedächtnis«, das eine Kultur oder ein Volk hat. Solche Bilder prägen sich tief ein und man vergisst sie nicht so leicht, egal wie falsch sie sind. Und sie sind fast alle falsch. Und obwohl ich es besser wissen müsste, habe auch ich solche Bilder abgespeichert.

In Offenbarung 21 ist nicht nur von einem Himmel

die Rede, in den wir kommen. Es ist von einer neuen Erde und einem neuen Himmel die Rede, die kommen. Und davon, dass die alte Erde nicht mehr ist! Auch das Meer nicht, wie extra erwähnt wird. Das Meer als der Wohnort von Ungeheuern und »dem Tier« wird nicht mehr sein. Der Text betont, dass *alles* neu wird. Und wenn alles neu wird, ist auch klar, dass wir mit unserer Vorstellung sehr schnell überfordert sind. Und doch sollen wir offensichtlich über diese Welt informiert werden. Wir sind überfordert und trotzdem haben wir ein paar konkrete Hinweise. Die entscheidenden sind diese:

- ein neuer Himmel und eine neue Erde
- das himmlische Jerusalem als Wohnort Gottes und der Menschen
- Völker werden ihm gehören
- alles ist neu
- die Tränen werden getrocknet
- kein Geschrei, kein Tod, kein Schmerz wird sein
- die Dürstenden werden lebendiges Wasser bekommen
- sie werden es umsonst bekommen
- die Sieger / Überwinder erben Gottes Gaben
- die unbelehrbaren, das Gesetz Gottes hassenden Lügner werden vernichtet

Das ist Gottes neue Welt! Sie kommt. Und ich vertraue darauf, dazuzugehören. Ich komme nicht in den Himmel. Gottes neue Welt kommt zu uns und zu mir.

Und davon zu sprechen und daran zu glauben, ist Trost. Wir brauchen das. Das ist keine Jenseitsvertröstung. Jenseitsvertröstung ist es, wenn man nichts anderes zu sagen hat. Das gab es reichlich in der Geschichte der Kirche. Aber dazu später. Zunächst ist es Trost in einer kaputten, leidenden, zerschundenen Welt voller Krankheit und Tod.

Wer diese Welt kennt, weiß, wie sehr Menschen diesen Trost brauchen.

Das Aus für den Tod

Mir geht es bestimmt so wie vielen, die diesen Text lesen und die meine kurze Liste durchgehen. Zuerst ist man fasziniert und getröstet. Das klingt alles wunderbar! Auf die neue Welt freue ich mich. Ich komme ins Schwärmen!

Und während man noch schwärmt und sich freut, liest man weiter. Beim nächsten Vers, Vers 8, will einem das Lachen im Gesicht erfrieren. Und ich wette, dass viele überhaupt nicht mehr bereit sind, diesen Vers in offiziellen Veranstaltungen vorzulesen.

»Doch die, die *feige den Glauben verlassen,* und die Treulosen und diejenigen, die abscheuliche Taten tun, und die Mörder und Unzüchtigen und die, die Zauberei treiben, die Götzendiener und alle Lügner – sie erwartet der See, der mit Feuer und Schwefel brennt. Das ist der zweite Tod« (Hervorh. d.A.; eig. Übers.). Der zweite

Tod? Wo sind wir denn jetzt gelandet? Das geht ja gar nicht! Vor allem: Es ist ja doch noch ein Tod vorhanden? Hieß es nicht vorher, es gebe keinen Tod mehr?

Was hier in Vers 8 beschrieben wird, ist das Ende dessen, was dem Leben entgegensteht. Es ist die Vollstreckung des Gerichts und auch der Tod für Menschen. Es ist ein ewiger Tod. Das widerspricht der Vorstellung einer »ewigen Höllenqual«. Es widerspricht aber auch der Vorstellung, dass am Ende doch alle irgendwie »in den Himmel« kommen.

Im Laufe der Kirchengeschichte gab es immer wieder Debatten darüber, was mit denen geschieht, die Gott nicht annimmt. Diejenigen, die davon ausgehen, dass es dann gar nichts mehr gibt, also von einer »völligen Auslöschung« sprechen, können sich auf diesen Text berufen. Man kann darin noch insofern etwas Tröstliches erkennen. Denn es erscheint besser, ganz vernichtet und ausgelöscht zu sein, als als wahrnehmendes Wesen in Ewigkeit von Gott getrennt zu sein.

Verfechter anderer Sichtweisen können sich auf andere Bibelstellen beziehen und tun es auch. Da ist von »Zähneklappern«, die Rede von dem »Wurm« und dem »Feuer, das nicht verlöscht«. Jesus selbst sprach davon (z.B. Matthäus 13,42.).

Ich werde diese Bibelstellen nicht versöhnen können[10]. Aber ich lese den Text und vertraue darauf, dass Gott auch das gutmachen wird. Wie genau? Ich weiß es nicht. Ich weiß nur, dass Gott am Ende das vernichten wird, was vernichtet.

Gott sagt im Grunde: »Ich mach kaputt, was Menschen kaputt macht«. Das ist der zweite Tod! Und er wird die verwerfen, die den Glauben verlassen, die ihm gegenüber untreu waren. Deren Früchte werden hier beschrieben: Götzendienst, Unzucht, abartige Gräuel – alles in allem Lügner, die den Lügen Satans aufsitzen und sie verbreiten.

Sünde macht kaputt. Sünde trennt von Gott. Und wir sollen sie meiden. Basta.

Wir haben uns daran gewöhnt zu sagen, dass wir ja alle Sünder sind – und es stimmt. Wir fragen zu recht, was denn der frömmste Mensch dem schlimmsten Sünder voraushat. Und wir sagen: Im Kern nichts. Wenn wir auf unser frommes Leben verweisen, sind wir wie die Pharisäer. Und doch werden wir aufgefordert, uns von Unglauben, Sünde, Unzucht, Lügen, Götzendiensten – auch den versteckten – fernzuhalten.

Können wir sicher sein, dass wir es meiden? Nein. Sicher können wir nur sein, dass Jesus gelebt hat, für unsere Schuld gestorben ist und uns im Vertrauen auf ihn neues Leben schenkt.

Auf der Siegerseite

Zugleich sagt unser Text: »Wer siegreich ist, wird dies alles empfangen; ich werde sein Gott sein, und er wird mein Sohn sein« (Offenbarung 21,7). Siegen, überwinden – das war doch das große Thema an die sieben Gemeinden am Anfang der Offenbarung. Ja, und es war eine der großen Botschaften für die erste Generation, die den Stab schon an die zweite Generation abgegeben hatte oder gerade im Begriff war, ihn abzugeben. »Siegen« ist wieder so ein Lieblingswort der Offenbarung, aber eben auch der anderen Johannesschriften. Dreißigmal kommt das Wort im Neuen Testament vor, vierundzwanzigmal davon bei Johannes.

Zunächst ist davon die Rede, dass bereits gesiegt wurde: nämlich durch Jesus Christus. »Ich habe die Welt besiegt!«, sagte Jesus (Johannes 16,33; HFA). Er hat den Sieg errungen und sitzt auf dem Thron des Vaters (Offenbarung 3,21). Dann finden sich Aussagen, die davon sprechen, dass wir Anteil haben an diesem Sieg von Jesus und so selbst zu Siegern werden oder schon geworden sind: »… ihr (habt) den Bösen überwunden« (1. Johannes 2,13-14; ELB). Oder: »Ihr habt [die falschen Propheten] überwunden …« (1. Johannes 4,4). Es ist der Glaube, dass Jesus der Sohn Gottes ist, durch den wir »die Welt« überwinden (1. Johannes 5,4-5).

Und schließlich ist davon die Rede, dass ein Sieg noch aussteht, dass wir noch siegen müssen! Das ist eine der zentralen Botschaften der Offenbarung! Das heißt:

Mit diesem Ausblick in die zukünftige Welt Gottes – *Gott wird es gut und alles neu machen! Seine neue Welt kommt!* – und mit diesem Sieg von Jesus im Rücken – *es ist vollbracht! Er hat gesiegt!* – und mit den Erfahrungen des Glaubens im Rücken – *mit denen andere Glaubende gesiegt haben!* – sollen wir siegen.

Die sieben Sendschreiben deuten an, wie die neue Welt aussehen wird und was die, die überwinden, erleben werden. Jesus hat es den Gemeinden gesagt:

Wer überwindet, …

- »… dem werde ich zu essen geben von dem Baum des Lebens, welcher in dem Paradies Gottes ist« (Offenbarung 2,7).
- »… wird keinen Schaden erleiden von dem zweiten Tod« (Offenbarung 2,11).
- »… dem werde ich von dem verborgenen Manna geben; und ich werde ihm einen weißen Stein geben und, auf den Stein geschrieben, einen neuen Namen, den niemand kennt, als wer ihn empfängt« (Offenbarung 2,17).
- »… dem werde ich Macht über die Nationen geben; und er wird sie hüten mit eisernem Stab, wie Töpfergefäße zerschmettert werden …« (Offenbarung 2,26-27).
- »… der wird so mit weißen Kleidern bekleidet werden, und ich werde seinen Namen aus dem Buch des Lebens nicht auslöschen und seinen Namen bekennen vor meinem Vater und vor seinen Engeln« (Offenbarung 3,5).
- »… den werde ich im Tempel meines Gottes zu einer Säule machen, und er wird nie mehr hinausgehen; und ich werde auf ihn schreiben den Namen meines Gottes und den Namen der Stadt meines Gottes, des neuen Jerusalem, das

aus dem Himmel herabkommt von meinem Gott, und meinen neuen Namen« (Offenbarung 3,12).

- »... dem werde ich geben, mit mir auf meinem Thron zu sitzen, wie auch ich überwunden und mich mit meinem Vater auf seinem Thron gesetzt habe« (Offenbarung 3,21; alle ELB).

Es sind viele verschiedene Bilder, die hier entstehen, und wir müssen sie nicht zu einem einzigen Bild zusammenfügen. Es sind Puzzleteile eines Bildes, das noch viel größer ist. Wir sind wie Kinder im Bauch der Mutter, die sich nicht vorstellen können, was noch kommt. Was aber schon zu erkennen ist: Es gibt mehr als Wolken und Lieder und unsichtbare Seelen. Weit mehr! Die neue Welt Gottes ist konkret. Sie hat Bäume, Nationen, Verantwortungsbereiche.

Wer überwindet, der wird all das empfangen. Gott wird ihm von dem lebendigen Wasser geben, umsonst. Er wird schenken, sättigen. Unser Durst nach allem, was wichtig ist, nach Gott und seiner Gerechtigkeit, wird gestillt sein. Unsere Sehnsucht wird – selbst wenn wir vielleicht das Sehnen aufgegeben hatten – gestillt sein.

Teil 2

Und jetzt?

Ich liebe Bücher. Ich nehme immer welche mit auf Reisen. Neben meinem Bett liegt immer eine Auswahl, um abends noch etwas lesen zu können. Ob Biografien, Sachbücher, historische Romane oder Dokumentationen, Erzählungen oder geistliche Literatur. Einfache Krimis oder Klassiker der Literatur. Ich mag sie.

Manche Bücher lese ich, weil sie mich unterhalten. Andere, weil mich das Thema interessiert. Neulich hat mich ein dicker Schmöker in das Jerusalem der 30er- und 40er-Jahre entführt. Ich lese solche Bücher nicht mit dem Ziel, etwas zu lernen. Es mag sein, dass das ganz nebenbei geschieht, weil ich Zusammenhänge verstehe, die mir vorher unklar waren. Doch ich ziehe nicht immer einen sofortigen Nutzen aus meiner Lektüre und erwarte ihn auch nicht.

Aber manchmal lese ich Bücher, weil ich etwas sehr Konkretes für mein Leben lernen möchte. Und manchmal entwickelt sich beim Lesen die Frage: Was bedeutet das nun für mich heute? Bill Hybels hat einmal gesagt, dass man bei der Vorbereitung einer Predigt oder Andacht immer die simple Frage stellen muss: »Und jetzt?«

Was hilft ein langer, aufwendiger Vortrag über eine große Sache, wenn am Ende nicht auch die Frage beantwortet wird: »Was bedeutet das nun?«, »Was ist die Folge daraus?«, »Was machen wir jetzt?«

»Und jetzt?« Eine intelligente Frage könnte kürzer nicht sein.

Gott wird einmal dem Durstigen von der Quelle lebendigen Wassers umsonst geben. In der neuen Welt. Er wird einmal seine neue Welt mit Gerechtigkeit aufrichten. Der Tod wird nicht mehr sein und alles Böse wird im zweiten Tod verschlungen sein. Leben, Gerechtigkeit, Frieden wird sein, Gott wohnt mitten unter den Menschen.

Man muss sich das vor Augen führen. Der Text ist einerseits 2000 Jahre alt. Er spricht andererseits über eine Zukunft, die auch uns noch bevorsteht. Was kann solch ein Text für mich heute bedeuten? Warum steht er im Jahre 2018 im Mittelpunkt unserer Überlegungen? Welche Folgen hat das, wovon er erzählt, für das Hier und Jetzt und dich und mich?

Gott redete damals durch diesen Ausblick zu den Christen, um sie zu ermutigen. Er wollte ihre Perspektive weiten. Er redete zu ihnen, damit sie durchhielten. Er redete, um sie zu ermahnen und im Glauben zu halten.

Und was sagt Gott uns heute? Darum geht es in diesem zweiten Teil.

Ich sehe zehn Themen. Ich bete, dass sie Ihnen etwas sagen. Sie können über das Jahr hinweg das eine oder andere Thema vertiefen. Sie können natürlich auch alles sofort lesen! Aber Sie müssen diese Themen nicht zwanghaft durcharbeiten. Ich bin überzeugt, dass manchmal das eine, manchmal das andere Thema gerade für Sie von Bedeutung ist. Und das, was Sie nicht anspricht, lassen Sie einfach liegen – für jemand anderes.

6 Überwinden

»Ich werde dem Durstigen geben von der Quelle des lebendigen Wassers umsonst. Wer überwindet, wird dies erben, und ich werde ihm Gott sein, und er wird mir Sohn sein« (Offenbarung 21,6-7; LUT). Wir sollen überwinden. Wörtlich steht da »siegen«.

Dies war eine – wenn nicht die zentrale – Botschaft an die sieben Gemeinden in Kapitel 2 und 3 desselben Buches. Dort kann man lesen, was der Heilige Geist für die einzelnen Gemeinden darunter versteht. Ich liste die Aussagen hier verkürzt auf:

- Tue Buße und tue die ersten Werke. Vergiss nicht die erste Liebe (2,5).
- Fürchte dich nicht vor dem, was du leiden wirst. Du wirst geprüft vom Teufel. Sei treu bis zum Tod (2,10).
- Kehre um und dulde niemanden, der an der Lehre der Nikolaiten festhält (2,14-16). (Das war wahrscheinlich eine Strömung, die am Götzenopferkult festhielt und das mit dem Jesusglauben für vereinbar hielt.)
- Haltet fest, was ihr habt und häuft es nicht auf durch Sondererkenntnisse. Bewahrt die Werke Jesu! (2,24f).

- Wache auf, stärke das Übrige, das im Begriff ist zu sterben. Bewahre, was du empfangen hast. Tue Buße (3,2-5).
- Halte fest, was du hast … Harre darauf (3,10ff).
- Kehre um, erkenne deine Armut und Nacktheit und empfange Heil allein von mir (3,17ff).

Jede Botschaft ist eine andere. Und jede ist an eine bestimmte Gemeinde gerichtet. Zugleich haben sie eine Bedeutung, die bis heute reicht.

Siegen, das klingt zunächst nach einsamer Spitze. Das klingt nach Triumph und Stolz und danach, dass eben nur einer alleine oder nur eine Mannschaft alleine auf dem Siegertreppchen stehen kann. Wo es Sieger gibt, gibt es auch Verlierer. All das ist hier aber nicht gemeint. Deswegen ist die Übersetzung »überwinden« sehr zutreffend: Ein Hindernis kann von vielen, theoretisch von allen überwunden werden.

Siegen und überwinden – das klingt aber dennoch nach Leistung. Und wenn es in der Bibel steht, klingt es nach frommer Leistung. Ist da nicht doch, schlecht versteckt, das Geschenk des lebendigen Wassers, des ewigen Lebens, an Bedingungen geknüpft? Ist es nicht doch ein dorniger Weg der Verdienste, den man zu gehen hat? Kommen nur die Stärksten und Frömmsten durch?

Was ist es genau, das Jesus fordert? Was bedeutet es zu siegen? Wenn ich mir die Aussagen genau ansehe, spitze ich es folgendermaßen zu:

Wir siegen, indem wir an der Gnade allein festhalten!

Indem wir die erste Liebe festhalten. Welche ist die erste Liebe? Es ist Gottes Liebe. Sie ist immer zuerst da. Und dann siegen wir, indem wir unser erstes Verliebtsein in Gott als Maßstab für alles machen, was kommt.

Tue Buße – kehre um! Das ist nicht als bittere Übung gemeint, die zur gnadenlosen Bußzucht mit der klischeehaften Lederpeitsche verkommt. Sondern als Sieg, indem wir zur Gnade umkehren und unser Denken durch kostenlose Gnade verändern.

Halten wir allein an Jesus Christus fest und an dem, was er getan hat und wer er ist. Gnade ist Gnade ist Gnade und bleibt es. In Jesus!

Daran festzuhalten kann einem Feinde machen. Wir sollen treu bleiben. Bis in den Tod! Bis in den Tod? Das klingt sehr spannend. Und schwierig. Die ersten Christen waren konkret vom Tod bedroht. Und ich sehe: Heute sind ebenfalls viele Christen vom Tod bedroht, oder von Benachteiligungen. Wenn es so weit kommen sollte, sollen wir an Jesus bleiben. Das ist ein schweres Wort, aber es macht deutlich: Siegen heißt paradoxerweise eben nicht »schneller, höher, weiter«, sondern heißt »bleiben«. Bleiben in Jesus, bleiben in dem, was er schenkt. Bleiben bei seiner Gnade, bleiben bei dem, der alle Götzen überflüssig macht. Bleiben, ohne Kompromiss.

Bewahrt die Werke Jesu! Wir sollen bewahren, was wir empfangen haben. Haltet fest, was ihr habt! Siegen kann man also, indem man sich auf Jesus bezieht, sich auf ihn fixiert und auf das, was er schenkt.

Wenn wir denken, wir müssten stark, reich und großartig sein, ist genau das Gegenteil der Fall: Der Arme, Nackte und Schwache siegt. In diesem Eingeständnis liegt der Sieg. Die Mittel, mit denen wir siegen, sind keine menschlichen Mittel. Im Gegenteil. Die Mittel sind Gottes Mittel. Es sind Gnadenmittel. Damit siegen wir!

Mir fließen die Tränen, während ich diese Zeilen auf einer Zugfahrt schreibe. Mir fließen sie, weil Lasten abfallen. Ich hatte doch meine große Sehnsucht in Kapitel 3 beschrieben. Jetzt wird mir beim Schreiben klar, dass sie – nicht nur, aber auch – von einem unglaublich hohen Anspruch an mich selbst getrieben war. Ich will manchmal das perfekte Leben mit den perfekten Antworten. Und das macht mich ungnädig – auch mir selbst gegenüber.

Siegen heißt zuerst einmal, Gottes Sieg zu feiern. Es heißt, das Geschenk Gottes zu empfangen und auszupacken und eben nicht wieder etwas zu leisten. Es bedeutet, den Sieg Jesu anzuerkennen und vor dem Sieger Jesus zu kapitulieren.

»Und jetzt?«

Jetzt bleiben wir einfach alleine in Jesus und dem, was er getan hat. Überwinden wir diese mächtigen, übermächtig erscheinenden Muster, die uns immer wieder eintrichtern: Werde besser, größer, schneller. Überwinden wir die Lüge, dass wir die Sache mit Gott und seiner Herrschaft doch selbst schaffen können. Siegen wir als Leute, die nichts haben.

Christian Seeberg ging als Endvierziger auf Wanderschaft. In zwei Monaten wollte er den sogenannten Israel-Trail von Norden bis Süden durch Israel bewältigen.

Alleine. 1000 km. Von Dan bis Eilat. Und das ohne Geld. Er war nicht arm, er war nur arm an Zeit, zwei Monate. Er wollte ausprobieren, was geschieht. Ich denke bei solchen Erfahrungsberichten häufig: Ja, das ist leicht, wenn man zu Hause ein Konto hat und weiß, dass im Notfall doch noch alles in Ordnung geht. Ist es dann nicht letztlich Schmarotzertum? Er hat es versucht und im Buch geht es nicht selten um die speziellen Erfahrungen, die damit zusammenhängen.

Wie auch immer man ein solches Vorgehen bewertet – und ich hatte meine Bewertung recht schnell im Kopf: Seeberg schildert, wie demütigend und schwer und zugleich wie bereichernd, erhebend, berührend die Begegnungen mit Menschen waren, die ihm zu essen gaben, die ihm selbstlos halfen.

Je länger ich ihm lesend auf seinem Pfad folgte, desto näher ging mir die Sache. Er musste lernen, sich beschenken zu lassen. Das war schwer. Und zugleich war gerade das eine neue Erfahrung, die allem widersprach, was er bisher getan hatte. Er war Verwaltungsdirektor einer Bank gewesen. Er hatte gelernt, dass ein Mensch nehmen und geben muss. Dass es auf dieses Gleichgewicht ankommt, auf diese Balance, damit am Ende die Rechnung aufgeht.

Er musste lernen, sich beschenken zu lassen. Sein Sieg bestand darin, nicht als Macher und Siegertyp dazustehen. Aber gerade diese Erfahrung von Schwäche machte ihn nahbar für andere, und er erlebte Hilfe und Nähe, die er als reicher Mensch nie erlebte.

Sich überwinden, indem man alleine auf das baut, was Jesus schon erreicht hat. Sein Sieg, sein Reich, seine Herrschaft anerkennen. Und davon nicht weichen! Wer so überwindet, wird das lebendige Wasser von Gott geschenkt bekommen.

Und jetzt?

Überwinden Sie, indem Sie ein Gebet sprechen. Sagen Sie Jesus, dass Sie nicht mehr auf sich selbst bauen wollen. Tun Sie Buße! Bitten Sie Jesus um Vergebung. Und vertrauen Sie ihm allein. Von nun an.

Hören Sie auf, stark zu sein oder besonders gut dastehen zu wollen. Sie werden überschüttet mit lebendigem Wasser, mit Gnade. Sie werden alle Lasten los, die Sie bisher bedrückten.

ZUM WEITERDENKEN

In welchem Verhältnis steht der Sieg, den Jesus errungen hat, zu dem, den wir erringen müssen (S. 64f) Wie passt das zusammen?

Wenn es zwei Seiten einer Medaille sind: Welche Seite hat mich besonders angesprochen? Was sagt Gott mir?

An welchem Punkt stehe ich persönlich? Was muss ich überwinden?

Wo stehe ich in der Gefahr, falsche Kompromisse zu schließen und den Glauben zu verlassen?

Diesen Satz nehme ich mit:

7 Schwärmen von dem, was kommen wird

Früher, als wir noch jung waren (wie das klingt!), haben meine Frau und ich häufig ganz spontan Urlaub gemacht. Wir haben nichts geplant. Wir sind einfach drauflosgefahren. Legendär ist, dass wir uns einmal vorgenommen hatten, nach Frankreich zu fahren, dann aber am Gambacher Kreuz, wo sich die A45 mit der A5 kreuzt, entschieden, doch lieber nach Italien zu fahren. Oder war es umgekehrt? Ich habe es vergessen. Ich sagte ja, dass es schon länger her ist. Wir haben keine Häuser und keine Campingplätze gebucht, sondern uns treiben lassen. Das war schön. Es hat uns überrascht und es war schon Teil des Urlaubs, sich treiben zu lassen.

In den letzten Jahren haben wir das ein wenig abgeändert. Wir haben schon vorher eine Wohnung reserviert oder andere Planungen gemacht. Und dabei haben wir eine interessante Feststellung gemacht: Die Vorfreude auf den Urlaub ist viel intensiver, weil wir zumindest vage wussten, wohin die Reise gehen würde. So konnten wir uns z.B. auf unsere Romreise vorbereiten. Jede Dokumentation im Fernsehen haben wir mit Interesse gesehen, haben Bücher über die Geschichte des Römischen Reiches gelesen. Und wir konnten uns schon Monate vorher freuen, dass wir bald diese Reise machen würden. Wir haben festgestellt, dass der Effekt der Vorfreude mindestens genauso wichtig ist, wie die Reise und der Urlaub selbst.

Vorfreude auf den Himmel! Vorfreude auf die Erde! Auf die neue Erde und den neuen Himmel, in denen Gerechtigkeit wohnt. Kann man so etwas heute noch sagen? Es kommt mir ein wenig altertümlich vor. Es klingt so wie die Sprüche der Alten in alten Zeiten. Es entspricht absolut nicht dem Lebensgefühl heutiger Zeiten und jetziger Generationen. Zumindest nicht in Deutschland, nicht in der westlichen Welt.

Ich bin überzeugt: Wir dürfen die Vorfreude auf Gottes neue Welt nicht vergessen, wir sollen sie pflegen. Und dafür empfehle ich, das Schwärmen nicht zu vergessen.

Von Roger Willemsen, der im Februar 2016 nach kurzer Krankheit starb, las ich in einem Nachruf Folgendes: »Er hat das (reflektierte) Schwärmen und die Begeisterung geliebt und rigoros verteidigt.« Und dann ist von ihm die Rede als einem »Realisten, der unter Aufbietung aller Vernunft ins Schwärmen gerät«[11]. So etwas hatte ich bis dahin noch nicht gehört. Ein Realist, der unter Aufbietung aller Vernunft nicht ins Grübeln, nicht ins Planen, nicht ins Schwarzsehen, sondern ins Schwärmen gerät. Ein Realist, der das Schwärmen und die Begeisterung liebt und rigoros verteidigt. Willemsen schwärmte gerne vom »Jetzt«, von der »Gegenwart«. Das ist in Ordnung. Ich freue mich über jeden, der die Gegenwart liebt und erlebt. Ich tue es auch. Aber mich hat diese Formulierung motiviert, unter Aufbietung aller Vernunft ins Schwärmen zu geraten über das, was kommen wird!

Es ist auch in umgekehrter Hinsicht eine überraschende Formulierung. Denn Schwärmen steht unter Verdacht. Wer schwärmt, der gibt sich doch wohl einer übertriebenen emotionalen Regung hin, oder? Schwärmer – vor allem auch Schwärmer im frommen Sinne – verleugnen die Realität und leben in einer Scheinwelt. Sie machen sich selbst etwas vor und können nur deswegen schwärmen, weil sie auf einem Auge blind sind. Auf dem Auge für das, was ist. Schwärmer sind nicht die Vernünftigen, sondern eher die Unvernünftigen, so die landläufige Meinung.

Ich habe mich also von Roger Willemsen dazu inspirieren lassen, zu schwärmen, unter Aufbietung meiner Vernunft, um mich gerade im Schwärmen als Realist zu erweisen. Geht das?

Ja, ich will schwärmen von der neuen Welt, die Gott schaffen wird. Von einem guten Essen kann ich schwärmen. Von schönen Wandertouren kann ich schwärmen. Ja, ich bin begeisterungsfähig. Warum also nicht von Gottes neuer Welt? Gott sagt über sie: »Ja, ich mache alles neu« (Offenbarung 21,5). Und obwohl alles neu wird, hat sie noch etwas mit der alten Welt zu tun, denn immerhin werden dort Tränen abgewischt. Das heißt doch, dass die Identität von Menschen noch dieselbe ist. Sonst könnte sich keiner wiedererkennen als der, der einmal geweint hat. Was wäre das für ein Trost? Aber als dieser Mensch erfahre ich eine Welt, die neu ist.

Das neue Jerusalem wird in Offenbarung 21 beschrieben. Wie eine Braut, so schön und schön geschmückt. Ich erinnere mich an meinen Hochzeitstag. Es sind seitdem so viele Dinge geschehen, dass ich mich ein wenig durch die Erinnerungen arbeiten muss. Aber eins weiß ich: Meine Braut war einmalig schön. Und ich finde sie bis heute schön. Ihr Lachen, die Art, wie sie sich kleidet, ihren Geschmack. Einfach wunderbar. Man kann natürlich einwenden, das sei subjektiv. Richtig. Aber geht es anders? Ich kann schwärmen, wenn ich an meine Frau denke. So schwärmt Johannes für Jerusalem! Geschmückt wie eine Braut. Schön!

Diese Schönheit wird beschrieben: kostbare Edelsteine, Lichtglanz, Gottes Herrlichkeit, eine Mauer und zwölf Tore, Perlen und die berühmt-berüchtigten goldenen Gassen! Goldene Gassen sind nicht jedermanns Sache. Jeder von uns würde eine »schöne Stadt« anders beschreiben. Aber worum es geht, ist doch dies: Es wird sehr, sehr schön sein. Gottes neue Welt wird traumhaft!

Malen Sie sich die schönste Situation aus, die Sie sich vorstellen können. Die Situation mit dem höchsten Maß an Frieden und Gemeinschaft. Und stellen Sie sich vor, dass Gottes neue Welt noch tausendmal intensiver und friedvoller ist.

Aber wenn ich mal von den äußeren Beschreibungen absehe, dann komme ich doch immer wieder zu dem zurück, was Gott über die neue Welt sagt: Jede Träne wird abgewischt. Keine Trauer, kein Schmerz, kein Geschrei. Ich sehe vor mir all die Kinder, die sexuell missbraucht wurden. Die, die zum Teil nicht mal mehr Tränen haben! Ich sehe vor mir die Opfer von Kriegen. Die, die alles verloren haben. Einmal, zweimal. Für immer. Ich sehe die Tränen all derer, die den Tod nicht erst erleben, wenn jemand lebenssatt und ergraut stirbt, sondern mitten aus dem Leben gerissen wird.

Ich sehe die Tränen derer, die ihre Kinder zu Grabe tragen. Ich sehe meine eigenen Tränen, weil wir nie Kinder haben konnten. Ich sehe die abgetriebenen Kinder, die nie weinten. Und die Mütter, die danach voller Schmerz sind. Ich denke daran, dass sich in Deutschland jährlich 10 000 Menschen das Leben nehmen. Das sind mehr als dreimal so viel wie Verkehrstote! Ich denke an Kindersoldaten weltweit und ihre Lebenspläne, an Menschen, die verfolgt oder benachteiligt werden, weil sie Gott vertrauen und sich zu ihm bekennen. Ich denke an die Macht zerstörerischer Krankheiten, an die Wucht zerbrochener Beziehungen.

Je nach Perspektive ist das Leben ein Tränenmeer. Und all das wird abgewischt. Das göttliche Taschentuch trocknet, tröstet – und der Tränenfluss versiegt. Vielleicht wird er bei denen, die nie weinen konnten, erst einmal eröffnet, aber nur, um dann getrocknet zu werden.

Ist das nicht ein Bild von unglaublicher Liebe und Nähe?

Gott kümmert sich um unsere Tränen, diesen so irdischen Ausdruck unserer Traurigkeit und unserer Verzweiflung. Darüber gerate ich ins Schwärmen, denn es gibt nichts Persönlicheres als meine Tränen. Sie zeigen all meine Verletzlichkeit. Und da begegnet mir Gott in jener neuen Welt! Und eben nicht nur mir, sondern auch Ihnen. Jedem seiner Kinder.

Und all das Leid wird nicht mehr sein! Man muss den Schmerz dieser Welt manchmal empfinden, um schwärmen zu können. Ich bin manchmal sehr empfänglich für Schmerz und dann auch melancholisch, wenn ich mir vor Augen führe, was in dieser Welt los ist. Ich weiß, es war immer so. Aber weil das so ist und weil es immer so war und auch so sein wird, schwärme ich über den neuen Himmel und die neue Erde, weil es dann einmal nicht mehr so sein wird! Endlich nicht mehr! Diese Perspektive ist gut! Sehr gut.

Ich schwärme. Gottes lebendiges Wasser fließt umsonst. Es erfrischt und erfreut uns. Es wird eine Feier geben, wie eine große Hochzeitsfeier. Es wird keine bedrückenden Sorgen geben, die uns gefangen nehmen. Wir werden die Gegenwart Gottes bei uns Menschen genießen. Das Licht Gottes unter uns. Wir seine Völker. Er unser Gott. Unsere Sehnsucht wird gestillt! Ich schwärme, weil Gott wirklich alles gutmachen wird!

Und jetzt?

Ich werde unter Aufbietung aller meiner Vernunft und ohne Angst schwärmen. Ich schwärme in meiner Vorfreude auf Gottes Welt.

Wer oder was bringt mich ins Schwärmen?
Was hält mich davon ab, von Gott und seiner Zukunft zu schwärmen?
Was müsste geschehen, damit das mehr passiert?
Diesen Satz nehme ich mit:

8 Gott anbeten

Gott schenkt dem Durstigen lebendiges Wasser umsonst! Und jetzt?

Unsere beste Reaktion ist, Gott anzubeten. Sein Geschenk an uns Menschen und unsere Anbetung passen so perfekt zusammen wie Frage und Antwort – oder wie Durst und lebendiges Wasser.

Gott anzubeten heißt im Kern, dass ich ihn als meinen Gott anerkenne. Jemanden anzubeten, heißt wörtlich, sich niederzuknien, niederzufallen und dadurch auszudrücken: Mein Leben gehört dir, Gott. Ich bin ein Mensch, du bist Gott.

Das kann in sehr verschiedenen Formen zum Ausdruck gebracht werden. Durch Lieder, eine Körperhaltung, eine vorgegebene und ausformulierte Liturgie oder spontane Gebete, durch Lob Gottes, Bitten, prophetische Momente oder sogar Klagegebete. Es gibt viele Arten, um auszudrücken, dass Gott unser Gott ist und wir uns vor ihm niederknien. Ganz klar ist auch, dass eine Herzenshaltung dazu gehört. Manchmal kommen wir mit einer anbetenden Herzenshaltung, manchmal entsteht sie erst, wenn wir anbeten.

Anbeten heißt: in der Gegenwart Gottes sein.

Als Christen beten wir Gott »im Namen Jesu Christi« an. Wir glauben, dass durch Jesus der Weg zu Gott überhaupt erst frei ist und wir ihn »in Geist und in Wahrheit«, wie Jesus sagte, anbeten können. Denn Jesus ist die Wahrheit, die uns frei macht, und durch diese Wahrheit können wir anbeten.

Anbetung ist das große Thema der Offenbarung (S. 34f). Nicht zuletzt in der Auseinandersetzung mit Kaiser Domitian, der sich als Gott und Herr verehren ließ, ging es um die Frage totaler Loyalität. Christen waren – neben allen, die eine 100%ige Loyalität zu ihrem Gott haben oder hatten – für Autokraten und Diktatoren immer ein Problem. Jede absolutistische Ideologie oder Regierung fühlt sich durch Menschen infrage gestellt oder sogar bedroht, die sich nicht vor ihr beugen.

Und damit ist auch klar, dass Anbetung weit mehr ist als eine bestimmte Gebetsform. Vor allem ist Anbetung auch weit mehr als die drei Lieder, die wir im Gottesdienst singen und mancherorts Anbetungsblock nennen. Da wird deutlich, wie sinnwidrig das Wort »Anbetungsblock« ist. Für alle, die sich nicht so auskennen, sei gesagt: Damit wird in Gottesdiensten manchmal eine Zeit genannt, in der besondere Anbetungslieder gesungen werden. Ich will keine Wortklauberei betreiben, ich weiß, was gemeint ist und kann das nachvollziehen. Aber wenn wir »Anbetungsblock« sagen, dann klingt das so, als meinten wir: Jetzt beten wir Gott an – und danach ist auch Schluss damit! Oder als meinten wir: Gott anzubeten heißt, ihm Lieder zu singen.

Anbeten ist die Verehrung Gottes. Ja, sie geschieht in Gottesdiensten! Sie geschieht auch im Singen von drei

Liedern »im Block«, damit wir uns da recht verstehen. Aber Anbetung ist größer – und ein wesentlicher Ort der Anbetung ist der Alltag. Unser normales Leben in Familien, unser Konsum, unser berufliches Handeln können und sollen zum Ausdruck bringen, dass wir uns vor Gott beugen und anerkennen, dass er allein Gott ist.

Gott sucht Anbeter! Anbetung zieht mich als ganzen Menschen zu Gott. Anbetung hat gottesdienstliche Formen und Alltagsbedeutung. Anbetung geschieht im Herzen und im gesellschaftlichen Kontext.

Und jetzt? Wenn es stimmt, dass Gott die Erde und den Himmel – und das heißt die Galaxien – geschaffen hat, und wenn es stimmt, dass er durch Jesus Christus angebetet werden kann, und wenn es stimmt, dass er einmal einen neuen Himmel und eine neue Erde schaffen wird, wenn er das Böse beendet und dem Durstigen von der Quelle lebendigen Wassers umsonst gibt – dann ist es absolut folgerichtig, ihn anzubeten. Dann ist es eine angemessene Reaktion, vor ihm niederzufallen und zu sagen: Du bist mein Gott. Du sollst mein Gott sein. Du hast alles für mich gegeben. Hier bin ich. Verfüge über mein Leben.

Dazu muss man gar nicht mehr auffordern. Anbetung fließt geradezu zurück, nachdem wir das lebendige Wasser, die Gnade Gottes, geschmeckt haben.

Dann haben wir in unseren Gottesdiensten nicht nur einen Anbetungsblock, sondern der gesamte Gottesdienst ist Anbetung. Und wenn wir Lieder singen, in denen wir diese Anbetung ausdrücken, dann ist das kein

Fremdkörper, sondern eine besondere Form der Anbetung. Wir bekennen Gottes Herrschaft und Liebe mitten in unserem Leben, mitten in der Gesellschaft, mitten in der Stadt oder im Dorf. Wir glauben an Gott, den Schöpfer, Retter, Erhalter, Richter und wiederkommenden Herr. Alles wird sich einmal vor ihm verantworten.

Von solcher Anbetung geht Kraft aus, die Menschen entweder abstößt oder anzieht. Da kann man nicht neutral bleiben. Entweder weichen wir Menschen diesem Gott und seinem Anspruch aus, oder wir lassen uns ansprechen, beschenken und von ihm überwinden. Solche Gottesdienste haben den Charakter, dass sich die Geister scheiden. Wir feiern nicht in erster Linie besucherfreundliche Gottesdienste, sondern Gottesdienste, die Gott anbeten. Es wird auch freundlich zugehen, aber die Besucher werden spüren, dass es um mehr geht. Das ist es auch, warum sie letztlich kommen.[12]

Menschen beten immer etwas an. Sie werden immer etwas oder jemanden haben, vor dem sie sich beugen. Wenn es nicht Gott ist, ist es etwas oder jemand anderes. Die Möglichkeiten sind unendlich. Alles, was geschaffen ist, kann die Rolle des Schöpfers einnehmen. Sogar die Natur, die von Gott gut geschaffen ist, kann die Rolle des Schöpfers einnehmen, wenn sie ganz oben steht – ohne einen Schöpfer. Profane Dinge wie Fußball oder unsere Autos dominieren unser Leben. Der Mensch selbst in seiner selbstherrlichen Autonomie kann sein eigener Götze werden. Aber alles Geschaffene ist doch nichts. Wir geben diesen Dingen nur alles. Wir erhoffen uns echtes Leben durch diese Götzen. Aber all das zieht Leben von uns, wenn wir es über Gott stellen. Nur bei Gott geschieht das Wunder, dass er uns beschenkt, wenn wir ihn anbeten. Nur bei ihm werden wir mit Leben erfüllt, wenn wir ihm unser Leben geben. Nur er gibt uns lebendiges Wasser umsonst und wir beten ihn an. Das passt perfekt zusammen.

Wie wichtig die Anbetung ist, merkt man daran, dass Jesus selbst von Satan in dieser Frage versucht wurde. Satan wollte, dass Jesus ihn anbetet. Sein Lockmittel waren die Macht und Herrlichkeit über diese Welt (Lukas 4,5-8). Davon abgesehen, ob Satan diese Möglichkeiten gehabt hätte, kontert Jesus klar: »Du sollt den Herrn, deinen Gott, anbeten und ihm allein dienen!« Gott anzubeten und ihm zu dienen, gibt Jesus damit als sein eigenes Leitmotiv aus!

Manchmal bete ich mitten im Alltag an. Es können schöne Situationen sein, in denen ich die Natur genieße oder einen Erfolg feiere. Möglicherweise sind es aber auch Situationen, in denen ich mich unwohl-, fehl am Platze, unsicher oder bedroht fühle. Oder ich stehe vor Entscheidungen. Dann bete ich ein kurzes und klares Gebet: »Dein Reich komme, dein Wille geschehe, wie ihm Himmel, so auf Erden!« Oder: »Dein ist das Reich und die Kraft und die Herrlichkeit!« Oder: »Jesus, du bist König. Dein Reich ist da.«

Damit wehre ich alle Götzen und Ängste ab. Ich vermeide falsche Loyalitäten. Damit stelle ich den an den Anfang, in die Mitte und an das Ende meiner Entscheidungen, der allein anbetungswürdig ist. Damit werde ich frei!

Und jetzt?

Beten wir Gott an. Im Alltag. Im Denken. Im Handeln. In Gottesdiensten. Machen wir für uns selbst, vor Menschen und auch vor der unsichtbaren Welt klar, wem wir gehören: Gott allein.

ZUM WEITERDENKEN

Welches Thema, welche Kraft droht sich so in den Vordergrund zu stellen, dass es Macht über mich bekommt?
Welche Formen der Anbetung haben mir geholfen, Gott anzubeten?
Was könnte ich tun, um Anbetung mitten ins Leben zu pflanzen, statt in bestimmte Räume einzusperren?
Diesen Satz nehme ich mit:

9 Keine Angst haben

Pranitha Timothys Stimme ist gebrochen. Sie klingt heiser, nachdem ihre Stimmbänder bei einer Operation beschädigt wurden. Auf der riesigen Konferenzbühne wirkt die zierliche Person fast ein wenig verloren. Die Inderin setzt sich für Menschen in ihrem Heimatland ein, die in moderner Sklaverei gefangen sind, und befreit sie, zum Teil unter lebensgefährlichen Umständen. Ich bin beeindruckt und frage mich, wie das geht und woher sie ihren Mut hat. Und als ob sie meine Frage ahnt, sagt sie in ihrem Vortrag: »Ich habe Mut, weil ich die richtige Perspektive für mein Leben gewonnen habe: Ich gehöre nicht mir selbst, ich gehöre Gott!« Ich bin baff. So einfach ist das. Sie gehört Gott, deswegen hat sie keine Angst.

Anbetung heißt: Ich gehöre Gott, heißt, ich beuge mich vor ihm – und deswegen beuge ich mich vor keinem Menschen. Und deswegen habe ich keine Angst. Anbetung macht lebenstauglich. Deswegen wird im Buch der Offenbarung Gott angebetet und dazu angeleitet. Denn wenn Menschen Gott anbeten, verlieren sie die Angst vor Menschen und Bedrohungen. Die Liste der Angstmacher ist lang: Domitian, Gewalt, Sklaverei, Terror, IS, Verschleppung, Auslachen, Zu-kurz-Kommen. Wenn wir Gott anbeten, verliert die Liste ihre Macht.

»Fürchte dich nicht!« ist eine Aufforderung, die Gott

seinem Volk Israel und Jesus seinen Jüngern mehrmals sagt. Wobei die Tatsache, dass Gott es so oft sagen muss, zeigt: Es ist nötig. Offensichtlich bestimmt Angst das menschliche Denken und Handeln sehr stark. Und das sollte man nicht wegdiskutieren oder so tun, als wäre Angst an sich etwas Schlechtes. Sie ist erst einmal normal! Es ist völlig normal, Angst zu haben.

Angst kann retten. Angst vor einem Säbelzahntiger konnte die Lebenserwartung steigern. Angst, eine vierspurige Autobahn zu Fuß zu überqueren, ebenfalls. Angst kann rational sein.

Aber Angst kann auch irrational sein. Die Angst zum Beispiel, sich durch das Schütteln von Händen zu infizieren. Die Angst, einem Terroranschlag auf der nächsten Wittener Kirmes zum Opfer zu fallen. Ja, sicher, es kann passieren. Aber die Wahrscheinlichkeit ist so gering, dass eine Angst davor wohl als irrational gelten muss.

Jesus sagte: »Hier auf der Erde werdet ihr viel Schweres erleben. Aber habt Mut, denn ich habe die Welt überwunden« (Johannes 16,33). Angst ist da. Angst gehört zu unserem Leben dazu. Für die meisten zumindest. Es gibt Leute, die kennen kaum Angst. Andere empfinden sie wegen jeder Kleinigkeit. Ich finde, dass die Abwesenheit von Angst auch Dummheit bedeuten kann. Deswegen ist mein Motto: Mut ist nicht die Abwesenheit von Angst, sondern deren Überwindung.

Seit Jahren habe ich dieses Motto. Seit Jahren schreibe ich über Angst und Mut. Seit Jahren predige ich darüber.

Ich weiß, wie wichtig es ist. Aber ich muss bekennen, dass es immer und immer wieder ein wichtiges Thema auch für mich ist. Ich hatte gehofft, dass es irgendwann ein für alle Mal erledigt ist. Aber ich muss mir eingestehen, dass ich immer wieder ein Angsthase bin. Und ich merke, dass mein Leben anders verlaufen würde, wenn ich weniger Angst hätte. Oder sollte ich sagen: wenn ich mit mehr Mut die Angst überwinden könnte.

Es ist verrückt, wovor man Angst haben kann.

- Angst vor der Verurteilung durch Menschen
- Angst vor falschen Entscheidungen, die für mich oder auch für andere starke, unangenehme Folgen haben
- Angst vor Unglück, Überfall, etc.
- Angst vor Einsamkeit im Alter
- Angst vor gesellschaftlichen Umwälzungen, die ich nicht mehr nachvollziehen kann

Und ich gebe es zu: Es gibt diese Momente, in denen ich Angst habe, dass sich in Deutschland langfristig ein Islam verbreitet, der anderen wenig Raum lässt. Ich werde das sicher nicht mehr erleben. Aber vielleicht unsere Enkel, Urenkel. Vielleicht. Vielleicht auch nicht. Aber die Angst ist manchmal da. Ich will diese Angst gar nicht und ich habe auch viele rationale Gegenargumente! Ich kann mir sagen: »Die Verfassung wird sich durchsetzen. Sie garantiert Religionsfreiheit.« Aber dennoch gibt es solche Gefühle.

Das ist wie mit Flugangst. Rational ist klar, dass Autofahren wesentlich gefährlicher ist als Fliegen, statistisch gesehen sowieso. Aber es bleibt etwas anderes, wenn man in ein Flugzeug steigt. Es ist der Umstand, nicht den geringsten Einfluss auf den weiteren Reiseverlauf zu haben. Dieses Gefühl, ausgeliefert zu sein, macht die Angst aus. So auch bei gesellschaftlichen Entwicklungen.

Ich frage mich: Wie viel Angst ist eigentlich dabei, wenn ich meine ungestillte Sehnsucht nach Gottes Reich und meine wachsende Müdigkeit beschreibe? Ist da viel Angst vor Fehlern? Angst vor Verurteilung durch Gott, nicht gut genug zu leben? Angst vor den Entwicklungen dieser Welt? Angst ist ein Thema. Angst ist auch mein Thema.

Angst ist das große Thema, das den modernen Menschen wirklich und im tiefsten Kern umtreibt. Das sei es auch, worauf Kirchen heute eine Antwort geben könnten. Die Frage von Luther war: »Wie finde ich einen gnädigen Gott?« Die Frage der Menschen heute sei: »Wie kann ich meine Existenzangst überwinden?« Sosehr ich das für verkürzt halte und sosehr man sagen kann, es sei die falsche Frage, so richtig ist dennoch die Analyse.

Angst ist die Geißel des modernen Menschen. Ob es immer so ist, ich weiß es nicht. Ob es früher anders war, weiß ich auch nicht. Ich weiß nur, dass viele Menschen davon bestimmt werden. Die Sehnsucht des Menschen ist da. Sehnsucht danach, die Angst loszuwerden. Gott gibt lebendiges Wasser – in Form von Mut!

Jesus sagt: »Fürchte dich nicht!« (z.B. Offenbarung 1,17). Und jetzt fürchte dich nicht. Das ist Glaube praktisch!

Gott wird eine neue Welt schaffen. Er wird lebendiges Wasser schenken! Er wird es gut machen. Das wird kommen.

Egal also, was vorher noch geschehen wird, egal was dich bedroht: Hab keine Angst. Ich verspreche nicht, dass hier in diesem Leben auf dieser Welt alles gut wird. Das wäre gelogen. In der Welt haben wir Angst, fette Probleme und Verfolgung. Wir müssen aufhören mit der Lüge, hier laufe alles prima. Das ist Quatsch. Es geht an der Realität vorbei.

Christen sterben genauso wie andere bei Autounfällen, an Krebs oder durch Verfolgung. Auch sie verlieren ihre Arbeit oder stehen vor dem Scherbenhaufen von Familienstreitereien.

Fürchtet euch nicht – weil es mehr gibt. Gott weitet den Horizont unseres Lebens und zeigt, dass es viel mehr gibt.

Vor diesem Hintergrund wird auch verständlich, weshalb die Gemeinde in Smyrna aufgefordert wird, bis in den Tod treu zu sein. Weil Jesus den Tod überwunden hat, weil es keinen Tod mehr geben wird, sollen wir sogar bei Todesbedrohung stark bleiben. Das ist eine fast unglaubliche Aufforderung.

Ich muss an die Christen denken, die von IS-Kämpfern hingerichtet wurden. Diese gespenstische Szene von orange gekleideten Gefangenen und schwarz vermummten Henkern an einem Strand sind mir im Gedächtnis. Ob sie Angst hatten? Ich weiß es nicht, ich kann es mir kaum anders vorstellen. Aber vielleicht waren sie auch durch den Heiligen Geist ruhig und mutig. Wir wissen es nicht. Sie waren auf jeden Fall standhaft. Sie waren treu bis in den Tod. Diese Situation ist für mich gar nicht richtig nachzuvollziehen. Es erscheint mir übermenschlich. Aber ich will das gar nicht als moralische Forderung sehen. Man darf auch Angst haben. Aber man muss nicht! Und auf jeden Fall waren hier Leute, die treu blieben! Gott sagt: »Fürchtet euch nicht. Ihr gehört mir. Mit dieser Perspektive braucht ihr vor nichts und niemandem Angst haben.«

Diese Perspektive wird in der Strophe des Lieds »Hab keine Angst«[13] deutlich:

Durch einen Türspalt dringt Licht aus dem Festsaal
in unsere Zimmer der Diesseitigkeit.
Und bevor sich dies Tor für dich öffnet,
klingt von drüben ein Lied in die Zeit:
Hab keine Angst und fürchte dich nicht.
Denn die Herrschaft des Bösen zerbricht
an der Liebe, die selbst noch den Tod überlebt.
Ich bin da, darum fürchte dich nicht.

ZUM WEITERDENKEN:

Welche Ängste halten mich gefangen?
Was will ich mit ihnen machen?
Was würde ich tun, wenn ich keine Angst hätte?
Welche Entscheidungen würde ich treffen, hätte ich allen Mut der Welt?
Diesen Satz nehme ich mit:

10 Offen reden von dem, was kommen wird

»Alles wird gut.« Mit diesem Satz schloss die Nachrichtensprecherin und Moderatorin Nina Ruge regelmäßig ihre Sendungen. Am Ende des Tages oder nach vielen Nachrichten und oft beunruhigenden Perspektiven klang das beruhigend. So konnte man weiterleben: Alles wird gut.

Nüchtern betrachtet musste man sich fragen: »Wer, bitte schön, ist Nina Ruge, dass sie das behaupten kann? Wer sagt uns – außer ihr –, dass alles gut wird?« Trotzdem nahm man diese Streicheleinheit für die Seele gerne entgegen. Sie hatte jene sympathische Frechheit, die es ihr ermöglichte, diese Behauptung einfach mal in den Raum zu stellen. Und zwar in den öffentlichen Raum. Alles wird gut.

Anders klang es, als mir mein Zahnarzt, den ich ganz am Anfang dieses Buches erwähnte, versicherte: »Alles wird gut.« Er war kompetent, hatte Erfahrung und er bezog diese Perspektive ja auch nur auf meine Zähne. Der wusste, was er tat und sagte. Das hatte etwas zu bedeuten.

»Alles wird neu!«, noch genauer: »Gott macht alles neu!« Sagen wir es. Überlassen wir die Prognosen nicht den Schwarzsehern und auch nicht denen, die Schönes verheißen, ohne Kompetenz zu haben. Reden wir offen von dem, was Gott bereits offenbart hat!

Ich weiß, das schreibt sich so leicht. Es zu tun, ist etwas anderes. »Ein Christ ist ein Bettler, der anderen Bettlern sagt, wo es Brot gibt«, soll Martin Luther gesagt haben. Das gefällt mir. Es macht deutlich, dass es selbstverständlich ist, lebensrettende Informationen weiterzugeben. Ich verwandle diesen Satz im Sinne der Jahreslosung: Ein Christ ist ein Verdurstender, der eine Quelle frischen Wassers findet, davon trinkt und anderen Verdurstenden sagt, wo es dieses Wasser gibt. Das ist selbstverständlich. Und weil genug von dem Wasser da ist, gibt es auch keinen Grund, es zu verschweigen.

In Deutschland befassen sich nur wenige mit der Tatsache, dass es nach diesem Leben und nach der Existenz dieser Welt noch mehr gibt. Die meisten von uns leben ausschließlich im Hier und Jetzt. Oder wir freuen uns auf das Rentnerdasein und erhoffen uns davon den Himmel auf Erden. Aber um das, was danach kommt, kümmern wir uns wenig.

Von dem reden, was später einmal kommt? Nach unserem Tod? Nach dieser Welt? Wenn alles zu Ende ist? Man ist versucht, sich zu entschuldigen, wenn davon die Rede ist. Im vorlaufenden Gehorsam versuchen wir jeden Verdacht auszuschließen, wir würden die Leute und uns selbst billig mit dem Jenseits vertrösten.

Ich frage mich, woher das kommt, dass wir heute so wenig davon reden. Ich sehe mindestens drei Gründe.

Erstens: Es liegt daran, dass Leute, die so reden, oft komisch sind. Wir wollen nicht mit weltfremden, düster oder verklärt blickenden Leuten in einen Topf geworfen werden. Wir wollen nicht mit den kitschigen Bildern der Zeugen Jehovas identifiziert werden. Das ist uns peinlich. Zweitens: Wir haben uns selbst so gut im Diesseits eingerichtet, dass wir keinen Anlass sehen, uns zu viel mit dem Zukünftigen zu befassen. Das lenkt ab, macht unruhig und hinterfragt unseren Lebensstil. Und drittens: Wir nehmen an, unsere Freunde und Nachbarn wollten nichts von der langfristigen Zukunft hören und würden uns verdächtigen, wir seien fromm überspannt, wenn wir von dem reden, was kommen wird.

Diese Gründe bringen uns zum verschämten Schweigen. Das ist unsinnig, denn zum Ersten wird es immer Leute geben, die etwas, das gut ist, durch ihre Art, davon zu reden oder es zu benutzen, in Misskredit bringen. Grundsätzlich sollte man sich davon nicht beeindrucken lassen. Weil man sonst nichts mehr tun kann. Alkohol wird missbraucht, aber deswegen lasse ich mir dennoch ein Glas Rotwein schmecken. Gutestun wird missbraucht, aber deswegen werde ich nicht beschließen, nichts Gutes zu tun. Spenden werden nicht so eingesetzt, wie es gut wäre, und doch werde ich weiterspenden. Diese Liste könnte ich ohne Probleme fortführen. Über die besten Glaubensinhalte, über Jesus selbst, wird viel Unfug erzählt. Das macht aber weder den Glauben noch Jesus überflüssig! Und so ist es auch in Gottes neuer Welt! Egal, was so alles erzählt wird, wie komisch oder kleinkariert es erscheint: Wir dürfen uns nicht davon beeindrucken lassen.

Zum Zweiten: Wer Gegenden dieser Welt besucht, in denen der Tod, speziell auch der frühe Tod, ein ständiger Begleiter ist, der wird erleben, dass die Christen dort viel mehr von der neuen und bald zu erwartenden Welt Gottes sprechen und singen als wir in Deutschland. In Afrika habe ich es hundertfach erfahren. Kindersterblichkeit, Aids und Kriege machen den Ausblick auf Gottes neue Welt enorm attraktiv und alltäglich. In Deutschland schieben wir es weg. Wir sterben zwar ebenfalls, sehen das aber als Ausrutscher. Wir meinen, ein Anrecht auf ein bequemes, sicheres und eigentlich ewig dauerndes Leben zu haben, und richten uns darauf ein. Wir leben und leben und hoffen, dann noch 30 Jahre als Rentner auf Kreuzfahrtschiffen durch die Welt schippern zu können. Ich überspitze, aber ich versuche den Grund zu illustrieren, warum wir uns diesem wichtigen Thema nicht widmen. Und auch wir Christen haben uns manchmal prächtig eingerichtet. Nicht immer, nicht überall, aber doch genügend. Wir sollten uns einfach nicht in unserer »heilen Welt« vergraben, dann werden wir uns schon gerne daran erinnern (lassen), dass Gott eine neue Welt schaffen wird. Und dann werden wir auch davon reden.

Zum Dritten: Wir meinen nur, dass unsere Freunde nichts von Gottes neuer Welt hören wollen. Manchmal mag es so sein. Das kommt auf die Freunde an. Und auf die Stimmung. Und auf die Lebenssituation. Ich weiß nur: Wenn es drauf ankommt, nämlich auf Leben und Tod, und wenn der Tod zugeschlagen hat, dann ändert sich die Stimmung radikal. Wenn auch oft nur für kurze Zeit, aber immerhin. Man muss ja kein Stimmungskiller sein, aber es gibt Momente, in denen jeder dankbar ist, wenn von mehr gesprochen wird als vom letzten Straßenfest oder dem nächsten Fußballspiel.

Und jetzt? Ich schlage vor, offen und selbstverständlicher davon zu reden, was Gott tun wird. Unverkrampft. Fröhlich. Hoffnungsvoll. Natürlich. Sehnsuchtsvoll. Und im richtigen Moment.

Noch mal zu Luthers Bettler. Man muss mit ihm nicht lange diskutieren, er wird seine Quelle preisgeben. Egoistisch und gemein wäre es, wenn er seine Information für sich behielte, möglicherweise aus Bequemlichkeit oder Gleichgültigkeit. In der Regel wird er anderen davon erzählen.

Wie kann es sein, dass eine Fernsehmoderatorin »Alles wird gut« sagen kann – und wir stammeln verschämt Sachen wie: »Ich weiß nicht genau«, »Mal schauen, was kommt!« oder »Der Ausgang ist offen«? Johannes hat davon geredet. Die ersten Gemeinden wurden getröstet. Sie bekamen diesen Ausblick auf lebendiges Wasser geschenkt – und was liegt näher, als davon anderen zu erzählen? Ich will selbst mit sympathischer Frechheit offen von dem reden, was Gott tun wird. Im richtigen Moment, in der richtigen Art. Und ich will das üben, indem ich wie Andrea Crouch in dem Lied »Soon And Very Soon«, das ihn in den 70er-Jahren bekannt gemacht hat, davon singe, dass wir bald, sehr bald, den König sehen werden und kein Tod mehr dort, kein Weinen dort sein wird. So besingt er diese Zukunft. Und weiter, dass wir, wenn wir Flüsse überqueren und Berge besteigen müssen, Gott uns mit aller Kraft ausstatten wird, die wir brauchen. Es ist ein Lied voller Freude. Freude und Gnade, »bis wir die andere Seite erreichen« (»til we reach the other side«).

ZUM WEITERDENKEN

Was hindert mich, ganz natürlich davon zu reden, was Gott tun wird?
Welche Gelegenheiten könnten passend sein? Welche nicht?
Welche Hindernisse gibt es vielleicht in mir selbst?
Diesen Satz nehme ich mit:

11 Kraft zum Durchhalten

Wir starteten mit einer Wandergruppe in den Alpen und hatten eine anstrengende Tagesetappe vor uns. Vera war nicht sehr sportlich. Man könnte auch sagen, sie war das Gegenteil von sportlich. Deswegen hatte sie nicht nur Respekt vor dieser Tour, sondern war sich auch sehr unsicher, ob sie es schaffen würde.

Ich mache regelmäßig Wanderfreizeiten in den Alpen oder im deutschen Mittelgebirge. Die Kondition, mit der die Frauen und Männer mitkommen, ist sehr verschieden. Und es gibt immer auch ein paar Wackelkandidaten. Sie trauen sich selbst in der Regel wenig zu. Ich erlebe es nur selten, dass sich Leute total überschätzen. Nein, als Ungeübte sehen sie den Berg vor sich und fragen sich, wie sie das jemals schaffen können. Oder sie hören von der weiten Tagesstrecke von 20 km und denken, dass sie die niemals gehen können, denn normalerweise sind ihnen die zwei Kilometer in die Stadt schon viel zu viel.

In einer Gruppe wagt man es dann aber doch. Ich motiviere diese Leute zum Mitgehen und gebe ihnen auch immer die Möglichkeit, im Falle eines Falles auszusteigen. Keiner verliert das Gesicht.

Vera ließ sich auch motivieren – und so ging es los. Es gibt sehr viele verschiede Phasen während einer langen

Wandertour. Manchmal ist man begeistert, manchmal verzagt. Manchmal denkt man: »Wieso tue ich mir das an?« Manchmal fragt man sich, warum man zu Hause nicht viel mehr wandert, da das so schön ist. Vera machte alle Phasen durch. Aber sie hielt durch und erreichte mit uns allen das Tagesziel: eine wunderschön gelegene Hütte oberhalb der Baumgrenze, mit fantastischem Ausblick und Kaiserschmarrn. Es gibt nur wenig Erhabeneres als solche selbst erwanderten Ausblicke und es gibt nichts, was besser schmeckt, als das Essen auf solchen Hütten. Und Vera war glücklich. Sie strahlte übers ganze Gesicht. Sie war stolz. Sie spürte sich neu und bekam ein ganz neues Gefühl für Körper und Seele. Sie hatte durchgehalten und wurde nun belohnt mit einem Lebensgefühl, das nur schwer zu beschreiben ist.

Durchhalten! Das war ein wichtiges Anliegen der Schreiber neutestamentlicher Texte an die ersten Gemeinden. Denn nach der ersten Jesus-Euphorie stellte sich bald schon Ernüchterung ein. Jesus war wohl auferstanden von den Toten, dann aber weg. Und was nun? Er kommt wieder, aber wann? Das Leben ist weder ein Ponyhof noch ein Paradies noch etwas dergleichen! Im Gegenteil. Und in diesen Situationen wollten manche den Glauben aufgeben, sich anderen religiösen und gesellschaftlichen Angeboten zuwenden, um Jesus als einen Faktor unter vielen, aber eben nicht mehr als den Herrn und König, anzuerkennen.

Und jetzt? Ja, wir brauchen manchmal jemanden, der uns anfeuert, weiter durchzuhalten. Auf meinen Wanderungen mache ich das auch manchmal, das hängt immer von den Leuten ab. Manche müssen einfach ruhig vor sich hin laufen können. Aber manche brauchen aufmunternde Worte. Oder auch Tipps, wie man besser wandern und vor allem Berge erklimmen kann. Und was beim Wandern gilt, gilt auch im Glauben.

Haben Sie schon einmal mitten im Alltag, mitten im umstrittenen Alltag, eine aufmunternde Mail oder WhatsApp-Nachricht bekommen – oder, ganz verwegen, eine Postkarte? Ich schon. Ich weiß nicht, ob ich ohne diese Signale aufgegeben hätte, aber ich weiß, dass sie mir geholfen haben, in manchem Projekt und in manchem Kampf durchzuhalten.

Was zum Durchhalten immer dazugehört, ist ein ausgesprochener Realitätssinn. Wir brauchen beim Wandern und im Glauben eine realistische Sicht auf das, was zu erwarten ist.

Der Glaube erwartet nicht zu wenig, aber auch nicht zu viel von diesem Leben und von dieser Welt. Wer den Himmel auf Erden erwartet, der wird enttäuscht. Er wird die Erde überfordern. Er wird politische Systeme überfordern. Er wird Menschen und somit auch sich selbst überfordern.

Oder er wird versuchen, seine Utopie mit Mitteln durchzusetzen, die Andersdenkende unterdrückt.

Der Realist weiß, dass die alte Erde und der alte Himmel vergehen werden und dass das Paradies anderswo ist. Der Realist weiß: Erst der neue Himmel und die neue Erde werden einen Zustand erreichen, in dem es kein

Geschrei und keinen Tod mehr gibt. Bis dahin wird darum gerungen und viel gelitten. Die internationale Politik und weltweite Ökonomie werden sich immer damit befassen müssen, dass das Leben in dieser gefallenen, alten Welt stattfinden wird. Dazu braucht es Rechtsprechung, Sanktionen, Macht und Gefängnisse, damit das Böse nicht überhandnimmt. Das ist nicht schön und es wird nicht schön werden.

Durchhalten heißt: Perspektive haben und realistisch sein. Für mich heißt durchhalten manchmal lediglich, nicht an dem zu verzweifeln, was so geschieht!

Realisten wissen, dass Gerechtigkeit erst in Gottes neuer Welt ganz durchgesetzt werden wird. Sie wissen, dass das letzte Gericht Gottes mit dazugehört, damit alles gut werden kann. Gott selbst beendet das Böse im sogenannten zweiten Tod. Wie sehr wünsche ich mir hier eine gerechte Welt. Und wie tröstlich ist es zu wissen, dass sie kommen wird.

Bei dieser Form des Realismus lauert eine Gefahr: der sogenannte Fatalismus. Das ist eine Haltung, die sich mit der Welt, wie sie ist und mit Schicksalsschlägen nicht nur abfindet, sondern zu schnell abfindet. Ein Fatalist gestaltet diese Welt nicht, sondern sagt nur: So ist es eben. Der Fatalist hat zwar auch die Kraft durchzuhalten! Aber er hat nicht die Kraft oder den Wunsch, etwas zu verändern. Das ist der feine und wichtige Unterschied. Der Realist im biblischen Sinne verändert und gestaltet. Dabei weiß er, dass es immer nur in einem gewissen und vorläufigen Rahmen gelingen wird. Unser demokratisches Land bietet jedem Mann und jeder Frau die Möglichkeit, sich um ein Amt zu bemühen, das die Gesellschaft gestaltet. Im Römischen Reich vor 2000 Jahren gab es eine bis heute prägende Rechtsprechung. Es gab einen Senat und ein politisches System, das darum bemüht war, verschiedene Mächte in Balance zu halten. Das menschliche Miteinander braucht solche Systeme, die Entwicklung ermöglichen. Aber wir wissen: Es ist nicht der Himmel auf Erden, den wir schaffen. Um den zu erreichen, müssen wir durchhalten. Um das kostenlose frische Wasser zu genießen und in der ewigen und ungetrübten Gemeinschaft mit Gott zu sein, müssen wir noch durchhalten.

Durchhalten! Das klingt möglicherweise sehr bescheiden. Das klingt nach gerade so ans Ziel kommen. Es klingt ein bisschen nach durchquälen. Es klingt nach Schweiß und Tränen. Es klingt nach Marathonlauf, nicht nach Dancefloor. Es klingt nach Schmerz, nicht nach Swimmingpool. Es klingt nach langer und mühsamer Reise, nicht nach nettem Tagesausflug.

Ich spüre in mir den Drang, das abzumildern und mir und Ihnen etwas Attraktiveres vor Augen zu malen. Man will ja relevant sein und mich beschleicht die Sorge, dass meine Leser das Buch zuschlagen und sagen: Das ist mir zu negativ. Das ist nicht cool.

Aber Hand aufs Herz! Gibt es überhaupt ein Leben, das nicht auch mit Durchhaltevermögen zu tun hat? Egal, wie wir unser Leben gestalten – selbst wenn wir jeden Schmerz und jede Hürde zu vermeiden versuchen –

wir wissen, dass »Tränen, Schmerz, Tod und Geschrei« kommen. Wir sind und bleiben dürstende Seelen. Wir haben kein Anrecht auf lastenfreies Dasein. Es ist so! Das bedeutet, dass sich jeder irgendwann der Frage stellen muss: Wie halte ich durch? Wie halte ich dieses Leben durch? Wie komme ich überhaupt durch diese Krise? Wie schaffe ich es, die Flinte nicht ins Korn zu werfen? Ich wünsche niemandem Krisen, das ist klar. Aber weil sie sowieso kommen oder schon da sind, ist es wichtig zu wissen, wie wir mit ihnen umgehen können.

Und dazu gibt es ebendiese unglaublich nüchterne Wahrheit, die am Ende hilft, mit diesem Leben fertig zu werden: Manchmal gilt es, einfach durchzuhalten. Mit göttlicher Perspektive und irdischem Realitätssinn. Deswegen habe ich übrigens eine Allergie gegen die vielen sogenannten »irischen Reisesegen« entwickelt. Nicht nur, weil ich mir nicht vorstellen kann, dass sie alle in Irland entstanden sind, sondern vor allem, weil in diesen Texten meist süßlich-säuselnde Wünsche geäußert werden: immer Sonnenschein, immer Rückenwind, immer nett, immer auf der Glücksseite. Da das aber nicht kommen wird, wird es Enttäuschte geben. Ich wünsche mir lieber die Kraft und Weisheit, auf der Erde, wie sie nun mal ist, durchzuhalten. Das ist okay. Es ist nicht leicht hier. Punkt. Und durchzuhalten ist schon richtig viel.

Beim Wandern und im Leben brauche ich zum Durchhalten ein lohnenswertes Ziel. Ich brauche Training, Ermutigung, gute Ausrüstung und nicht zu viel Gepäck. Aber immer gilt: Wer sich nicht auf harte Strecken und auf die Notwendigkeit durchzuhalten einstellt, wird's schwer haben.

ZUM WEITERDENKEN

Wo muss ich durchhalten?
Wo muss ich vielleicht etwas verändern?
Was hat mir geholfen, in Lebenskrisen durchzuhalten?
Den Satz nehme ich mit:

12 Ablegen, was uns beschwert

Wer auf langen Wanderungen zu viel mit sich herumträgt, der wird nicht durchhalten.

Gottes Leute waren immer unterwegs und konnten deswegen nicht zu viel Gepäck gebrauchen. Sie wussten, dass sie in eine zukünftige Welt gehen, in der ihr Durst gestillt werden wird. Sie wollten diese Welt erreichen. Und sie wurden immer wieder einmal daran erinnert, dass sie nicht zu viel mit sich herumtragen sollten.

Christian Seeberger, der Israel von Nord nach Süd durchwanderte, hatte zunächst eine riesige Ausrüstung mit. Er wollte auf alles vorbereitet sein. Er musste jedoch unterwegs viele Gegenstände zurücklassen, um gehen zu können. Wer unterwegs ist, wird sehr sparsam beim Packen des Rucksacks.

Meine letzte Hüttentour hat mich gelehrt, wie sehr mich ein Rucksack runterziehen kann. Sicher, man gewöhnt sich an manches Gewicht! Aber es hat auch seine Grenzen. Irgendwann muss auch der Durchtrainierteste sagen: Das kommt nicht mit.

Im Sommer 2016 lief ein Hit der Bautzener Band »Silbermond« im Radio rauf und runter. Sie sang davon, dass man das meiste, was man besitzt, nicht brauche, und dass es besser sei, »all den Ballast« wegzuschmeißen; dass man nur Sinnlosigkeiten, zu viele Klamotten,

»Altlasten in Tupperware« sammle, ja sogar Neurosen, Narben und offene Rechnungen. Und dann folgt die Aufforderung im Lied, das alles loszulassen und wegzuwerfen, weil es sich mit leichtem Gepäck eben besser reisen lasse.

Ein starker Text mit toller Musik. Ich habe mitgesummt und überall Leute getroffen, die das Lied gut fanden. Die Testfrage haben allerdings nur wenige bestanden. Sie lautete: »Und, hast du den Schrank leerer als vorher? Verzichtest du jetzt auf Tupperware?« Wir tun uns schwer, wirklich Konsequenzen zu ziehen, denn das, was wir meinen zu besitzen, besitzt nicht selten uns. Aber immerhin. Das Lied zeigt, wie sehr uns materieller und seelischer Ballast nach unten ziehen. Doch was der Text nicht sagt, ist, wohin damit! Müll kann man wegwerfen, aber was ist mit den Wunden der Seele und »offenen Rechnungen« mit Menschen?

Loslassen ist eine Allerweltsübung geworden. In jedem Glücksratgeber wird man dazu ermuntert. Aber es könnte sein, dass mir das, was ich loslasse, auf die Füße fällt. Ich ziehe den Psalm 62,9 vor, in dem es heißt: »Hoffet auf ihn (Gott) allezeit, liebe Leute, schüttet euer Herz vor ihm aus« (LUT). Wir haben eine Adresse, an der wir alles loswerden können. Es ist derselbe Gott, der uns hilft, nicht in materiellem Maximum unser Glück zu erwarten.

Auf den Punkt gebracht klingt das so: Lasst uns »jede Last ablegen, die uns behindert, besonders die Sünde, in die wir uns so leicht verstricken« (Hebräer 12,1-2).

Was hat das mit der Jahreslosung zu tun? Wir haben Durst nach Leben. Aber anstatt aus der Quelle, die Gott selbst ist, zu trinken, stopfen wir unser Leben voll mit anderem. Wir schütten alles zu mit Sachen und Ablenkung und Beziehungen, von denen wir mehr erwarten, als Material oder Menschen geben können. Der Durst wird nicht gestillt, er wird nur betäubt.

Oder das mit den »offenen Rechnungen«. Wie oft meine ich, dass mir ein Mensch unrecht getan hat. Und er hat es vielleicht wirklich! Dann kommen die Gedanken: »Wenn er das Unrecht nicht wiedergutmacht, dann werde ich ihm das nicht vergeben. Mit dieser Schuld muss er dann leben. Und er wird daran hoffentlich zugrunde gehen.« In meiner Fantasie spreche ich ständig mit diesem Menschen, mache ihm Vorwürfe, diskutiere, werde aggressiv oder arrogant. Wie auch immer. Ich fühle mich im Recht, trage dem anderen das Unrecht nach. Aber das Fatale ist: Im Laufe der Zeit verwandelt sich dieses geschehene Unrecht zu einer großen Bürde für mich selbst. Ich trage schwer daran. Der andere tänzelt möglicherweise beschwingt durchs Leben. Und ich mühe mich ab.

Oder ich selbst bin an jemandem schuldig geworden. Habe ein verletzendes Wort gesagt. Ich habe etwas getan, das nicht gut war. Und als ich es das erste Mal ahnte, da wollte ich das nicht eingestehen.

Und jetzt?

- Schreiben Sie doch einmal auf, was Ihr Herz schwer macht.
- Formulieren Sie Ihre Sorgen einmal genau.
- Wovon sind Sie enttäuscht im Leben? Schreiben Sie es auf.
- Was ist so kompliziert geworden, dass es Sie belastet?
- Welche Schuld drückt Sie runter?
- Was ist es, was andere Ihnen angetan haben, das Sie noch mit sich tragen?
- Wo ist Geld, Materielles, Sorge um die Rente zu einer Last geworden?

Schreiben Sie das auf.

Kann man das dann so einfach ablegen? Manche können es. Andere brauchen Zeit. Manchmal ist es gut, mit einem Seelsorger zusammen zu beten und alles, was auf der Liste steht, Jesus zu geben. Im Gebet können Sie alles bewusst abgeben. Manchmal ist es gut, solch eine Liste symbolisch zusammenzuknüllen und wegzuwerfen oder zu verbrennen oder in einen Schredder zu stecken. Hauptsache, weg damit! Das ist ein gutes Ritual.

Und wenn Sie sich wieder beladen fühlen, tun Sie es wieder.

Vielleicht reicht es aber nicht, solche Zettel wegzuwerfen oder im Gebet abzugeben. Manchmal muss man auch Gegenstände wegschmeißen. Kennen Sie das gute Gefühl, weniger Altlasten zu haben? Mir tut es regelmäßig gut, den Keller aufzuräumen und alles wegzuschmeißen, was ich nicht mehr brauchen werde (wobei die Interpretation, was noch zu gebrauchen ist und was nicht, zwischen meiner Frau und mir zum Teil auseinandergeht. Das ist aber normal und sollte nur nicht zur nächsten Belastung führen).

Wenn ich Kleidung kaufe, habe ich mir angewöhnt, etwas vergleichbar Altes wegzuschmeißen oder wegzugeben, damit sich nicht so viel Zeug ansammelt, was ich sowieso nicht mehr trage. Früher habe ich bei alternden Hemden immer gesagt: »Das kann ich noch im Garten anziehen.« Aber so viel Gartenarbeit werde ich in meinem Leben nicht machen, wie ich Hemden dafür hätte. Also weg damit.

Ablegen, was uns beschwert und daran hindert, das Ziel zu erreichen! Die ersten Christen mussten daran erinnert werden. Wie viel mehr wir heute? Gott verheißt den verfolgten oder bedrohten Christen des ersten Jahrhunderts eine neue Welt, und er stellt in Aussicht, ihnen lebendiges Wasser zu schenken, seine Gegenwart und Gnade umsonst! Und er will uns schon jetzt etwas von diesem lebendigen Wasser schmecken lassen. Er will schon jetzt unsere Herzen mit seiner frischen und erfrischenden Gegenwart füllen.

Wenn wir aber so beschäftigt, so vollgepackt, so abgefüllt sind, dass unsere Hände überladen sind, wie wollen wir das empfangen, was Gott schenken will?

Hierin liegt der entscheidende Punkt. Wir werden Gottes Gnade empfangen, seine Gegenwart erleben und in diesem Leben durchhalten, wenn wir uns von unnötigen Lasten befreien lassen. Zur Freiheit hat uns Gott befreit (vgl. Galater 5,1). Jesu Tod und Auferstehung ist Gottes große Befreiungsaktion. Wenn wir ihm vertrauen, werden wir zu Leuten, die befreit sind, um in dieser Welt zu dienen. Wir halten nicht nur durch, sondern wir werden Menschen, die den Kopf und das Herz frei haben für Gottes Aufträge, wie immer die konkret heißen mögen.

ZUM WEITERDENKEN

Was ist eine Last meines Lebens?
Welche Last gehört einfach zu meinem Leben, weil ich z.B. Verantwortung trage, und welche gehört nicht da hinein?
Ich erstelle eine Liste meiner Lasten und schütte mein Herz vor Gott aus.
Diesen Satz nehme ich mit:

13 Warnen vor dem, was kommen wird

Lebendiges Wasser? Das nehmen wir gerne mit. Umsonst ist immer gut. Ein neuer Himmel, eine neue Erde? Solche Ankündigungen lassen wir gerne auf uns wirken. Aber wenn es um die Bedingungen geht, kommen wir ins Stocken. Lebendiges Wasser nur für die, die überwinden? Das klingt schwierig. Ein zweiter Tod als konkretes Szenario? Das klingt noch schwieriger. Solche ausgrenzenden »Negativbotschaften« stehen nicht hoch im Kurs. Religion soll positive Botschaften vermitteln und integrieren. Deshalb ist dies eins der schwierigsten Kapitel in diesem Buch. Es ist wichtig, dass wir Menschen gewarnt werden. Es kann deswegen zur Nachfolge Jesu gehören, dass wir Menschen warnen.

Warnen. Ist das die Botschaft der Offenbarung? Es ist nicht die Kernbotschaft und es ist bestimmt nicht der Grundton. In diesem Buch zur Jahreslosung wird das deutlich. Aber immer, wenn Menschen das Buch der Offenbarung lesen, werden sie auch die darin enthaltenen Warnungen verstehen. Ich kenne Menschen, die durch das Lesen dieses Buches danach gefragt haben, wie sie eine Beziehung und Frieden mit Gott finden können. Sie fingen an, danach zu fragen, wie sie dem Gericht Gottes, dem ewigen Tod, entkommen können. Wir müssen diese Zukunft nicht in den buntesten Farben intensiver ausmalen, als es die Bibel selbst tut. Aber wir müssen und dürfen auch nichts weglassen.

Jahreslosungen haben meistens einen ermutigenden Ton. Manchmal sagen sie kurz und prägnant, wie wir leben sollen. Manchmal machen sie kurze Aussagen darüber, wer und wie Gott ist. Manchmal, so wie in diesem Jahr, bringen sie eine kurze, prägnante Zusage zur Sprache. Eine große Jury von Gemeinde- und Bibelfachleuten macht sich über einen langen Zeitraum Gedanken darüber, wie eine Jahreslosung beschaffen sein und klingen soll. Das ist ein aufwendiges Verfahren und ich bin froh, dass Jahreslosungen einen ermutigenden, Trost und Hoffnung stiftenden Grundton haben. Aber es ist auch klar, dass dadurch eine Auswahl getroffen wird, in der Warnungen nicht zu finden sind. Es ist wohl nicht denkbar, folgenden Vers als Jahreslosung zu bestimmen: »Allen Lügnern ist ihr Teil in dem See, das ist der zweite Tod.« Ein solcher Aufdruck auf der Kaffeetasse oder einem Kalender macht sich nicht so gut. Obwohl der Kaffee vielleicht ganz nach Tod schmeckt und das Jahr gar nicht so gut werden wird wie erhofft. Aber solche Produkte werden keine Verkaufsschlager.

Die Jahreslosung 2018 ermutigt, gibt Hoffnung und Trost. Aber Trost und Hoffnung es gibt nur, weil auch eine andere Möglichkeit existiert. Lebendiges Wasser ist nur deswegen so begehrt, weil es nicht selbstverständlich ist. Rettung macht nur Sinn, wenn jemand verloren war oder in der Gefahr steht, verloren zu gehen. Ein Retter ist nur nötig, wo Gefahr in Verzug ist. Heil strahlt so hell, weil es so viel Unheil gibt. Leben ist unsere Sehnsucht, weil wir vom Tod umgeben und bedroht sind. Eine neue Erde ist unser Sehnsuchtsort, weil die alte Erde manchmal ächzt und stöhnt.

Noch mal. Das Buch der Offenbarung macht Hoffnung und gibt Perspektive, weil es ansonsten so viel Hoffnungslosigkeit und Perspektivlosigkeit gibt! Besonders die letzten beiden Kapitel strahlen so hell, weil ansonsten viel Dunkelheit herrscht! Die Jahreslosung tröstet, weil es so viel Trostlosigkeit gibt. Und die Texte selbst haben auch immer beides: Trost und Warnung.

Ist die biblische Botschaft eine Drohbotschaft? Nein. Sie ist und bleibt eine Frohbotschaft. Aber zu dieser Frohen Botschaft gehören die Warnung und die realistische Einschätzung, dass man an dem, was Gott schenkt, vorbeigehen und das, was Gott sagt, überhören kann. Der Tod ist eine reale Gefahr. Es geht nicht darum, damit zu drohen. Aber es geht darum zu beschreiben, dass er bedrohlich ist. Die Drohung ist also da. Wer aber meint, auf Dauer Frohe Botschaft vermitteln zu können, ohne die bedrohliche Seite anzusprechen, ist auf dem Holzweg.

Es mag Sie überraschen, aber Gott ist auch dunkel. Er ist verborgen (vgl. Jesaja 45,15) und manchmal unverständlich (z.B. Psalm 44,25). Gott ist größer als unsere Vorstellungen von ihm. Gott wird auch als Richter auftreten. Gott ist kein Gott, der sich vor uns zu verantworten hat, sondern vor dem wir uns zu verantworten haben. Ja, Gott ist ein »verzehrendes Feuer« (Hebräer 12,29).

Dieser Gott ist es, der in seinem Sohn Jesus Christus war und zugleich – weil er uns so liebt – die Erlösung, das Heil und den Frieden geschaffen und angeboten hat. Und das tut er bis heute. Aber es bleibt eben *dieser* Gott! Davon müssen wir reden. Das ist extrem anspruchsvoll und bringt uns an die Grenzen dessen, was wir Menschen verstehen und nachvollziehen können. Es sprengt die logischen und menschlichen Kategorien. Und wir können darüber nur sprechen, weil wir glauben, dass uns in Jesus Christus Gottes Angesicht begegnet (Hebräer 1,1-3).

Wir brauchen zweierlei: Das eine ist eine eigene Sicht davon, dass im Gericht Gottes und in den letzten Kämpfen, die uns in der Offenbarung beschrieben werden, Trost liegt. Trost, weil wirklich alles Böse ein Ende haben wird. Weil alles – und besonders das ungesehene und niemals aufgedeckte millionenfache Unrecht – noch einmal zur Sprache kommen wird. Das andere ist, dass wir in unserer Zeit und Gesellschaft nur in einer Form davon sprechen können, die ebendiesen tröstenden Aspekt auch mitbetont. Keiner will eingeschüchtert und von oben herab gewarnt werden. Wir warnen als Leute, die selbst gewarnt sind. Und wir warnen als Leute, die in Jesus Christus die eine Antwort haben, die hilft.

Von meinen Wanderungen und Wandergruppen habe ich schon erzählt. Das sind immer sehr schöne Zeiten, wenn ich mit Leuten aus ganz Deutschland unterwegs bin, um Alpengipfel zu erstürmen. Am ersten Abend überrasche ich die Teilnehmer regelmäßig mit einer Ansage. Neben Informationen zur Gegend, zum Team, zu den Strecken und vielem mehr warne ich vor den Gefahren in den Bergen. Diese Warnung lasse ich auch schon mal drastisch ausfallen, damit die Teilnehmer wirklich hinhören und ernst nehmen, was ich sage. Denn Berge sind gefährlich, wenn man nicht einen gewissen Respekt mitbringt. Das Wetter kann umschlagen. Eine kleine Unachtsamkeit kann tödlich enden. Jährlich stürzen Hunderte Wanderer ab. Zum Beispiel wenn die Anspannung des Aufstiegs nachlässt und die Leute gut gelaunt und locker Fotos am Gipfelkreuz machen und dann durch einen Fehltritt ausrutschen.

Und weil manche Christen bei meinen Freizeiten dabei sind, muss ich es so zuspitzen: »Auch Christen sterben in den Bergen, das beweist die Statistik.« Manchen wird dann mulmig. Auch Christen? Die haben doch um Schutz gebetet. Ja, auch Christen sterben in den Bergen. Die Freizeitlaune geht dann etwas in den Keller. Und ich hole sie auch nicht zu schnell da raus, weil ich als Freizeitleiter keine Lust habe, durch tödliche Unfälle eine Freizeitstimmung noch viel tiefer im Keller zu finden. Ich weiß, das klingt egoistisch, und eigentlich müsste ich schreiben, es ginge mir um die Leute. Das tut es auch. Aber es geht mir auch um mich, ganz ehrlich. Deswegen lieber ein kleines Stimmungstief am Anfang als eine Katastrophe später. Wenn dieser Stimmungskiller sitzt, dann sage ich, dass ich das Thema nicht weiter ansprechen werde. Die Teilnehmer sind erwachsen und für sich selbst verantwortlich. Ich habe meine Schuldigkeit jetzt getan. Man mag mir vorwerfen, das sei zu wenig, aber so gehe ich damit um. Nun müssen die Teilnehmer selbst damit umgehen. Punkt. Und danach ist – bisher – immer alles gut gegangen und der Stimmung hat das keinen Abbruch getan. Wanderwochen sind absolute Highlights im Jahr und wir schleichen natürlich nicht ängstlich durch die Täler, sondern erstürmen die Gipfel.

Worum es mir geht: Mir hat noch nie jemand meine Warnung vorgeworfen. Ich habe es meinerseits auch nicht genossen. Ich habe einfach nur gesagt, was passieren kann, und vor ein paar Gefahren gewarnt. Ich war selbst froh, wenn es dann zu anderen Themen ging und wir abends wieder gemütlich beim Glas Bier zusammensaßen. Aber die Warnung war gesetzt und entfaltete ihre Wirkung. Und das wurde akzeptiert.

Dies auch im Blick auf die biblische Botschaft zu tun, halte ich für sinnvoll. Ich weiß, wie schwer es ist, das heute angemessen rüberzubringen. Aber darum müssen wir uns bemühen. Wir werden es nur tun können, wenn wir einerseits von der Notwendigkeit eines letzten Gerichts erzählen und andererseits davon, wie sehr Gott uns liebt und uns gerade deswegen ja warnt. Wir wollen, dass alle Menschen von dem lebendigen Wasser umsonst trinken. Darum geht es.

Wie könnte ich in der heutigen Zeit sinnvoll vor dem warnen, was kommen wird?
Wie sollte es nicht geschehen?
Warum nicht?
Was hat sich verändert?
Diesen Satz nehme ich mit:

14 Jetzt schon genießen, was später perfekt sein wird

Dieses Kapitel zu schreiben, fällt mir wesentlich leichter als das zuvor. Es macht mir mehr Freude, es zu schreiben. Und ich vermute, es macht Ihnen auch mehr Freude, es zu lesen.

Wie bei allem, was Gott uns in der neuen Welt perfekt schenken wird, gibt es schon jetzt – manchmal mehr, manchmal weniger – einen Vorgeschmack.

Gott wird uns in der neuen Welt lebendiges Wasser umsonst geben. Aber wir können jetzt schon »lebendiges Wasser« genießen. Leben, Frieden, Gerechtigkeit, Gegenwart Gottes in unserem Leben, alles das gibt es ja jetzt schon! Nicht perfekt und vollkommen, aber doch schon etwas davon.

Dazu ist es gut, sich noch mal anzusehen, was Jesus mit der samaritischen Frau am Brunnen besprach:

> Jesus antwortete: »Wenn du wüsstest, welche Gabe Gott für dich bereithält und wer der ist, der zu dir sagt: ›Gib mir zu trinken‹, dann wärst du diejenige, die ihn bittet, und er würde dir lebendiges Wasser geben.«
> »Aber, Herr, du hast weder ein Seil noch einen

Eimer«, entgegnete sie, »und dieser Brunnen ist sehr tief. Woher willst du denn dieses lebendige Wasser nehmen? […]«
Jesus erwiderte: »Wenn die Menschen dieses Wasser getrunken haben, werden sie schon nach kurzer Zeit wieder durstig. Wer aber von dem Wasser trinkt, das ich ihm geben werde, der wird niemals mehr Durst haben. Das Wasser, das ich ihm gebe, wird in ihm zu einer nie versiegenden Quelle, die unaufhörlich bis ins ewige Leben fließt.«
(Johannes 4,10-14)

Jesus bietet der Frau also lebendiges Wasser an, ohne damit Wasser im unmittelbaren, materiellen Sinn zu meinen. Wer davon trinkt, wird nicht mehr dürsten, sagt er. Mehr noch, das Wasser scheint den, der es hat, zu verändern und selbst zu einer Quelle zu machen.

Es klingt schon perfekt: keinen Mangel haben, stattdessen lebendiges Wasser, immer. Im übertragenen Sinne: Gottes Gegenwart und Herrschaft in unserem Leben, seine Gnade.

Die Frau, mit der Jesus sprach, hatte fünf Männer gehabt und mit dem jetzigen war sie nicht verheiratet. Die einen sehen hier in erster Linie ein moralisches Problem. Sie sagen, sie sei eine untreue Frau gewesen. So hat man es lange gelesen. Neuerdings höre ich die Vermutung, dass sie in immer neuen Beziehungen neues Glück gesucht habe. Interessant. Wiederum andere weisen darauf hin, dass das Scheidungsrecht in Israel für die Männer leicht gewesen sei. Sie hätten sich – und das wird uns aus der Zeit Jesu berichtet – zum Teil aus fadenscheinigen Gründen von ihren Frauen getrennt und die Frauen unglücklich und eben oft auch mittel- und hilflos zurückgelassen. Dies sei dieser Frau vielleicht passiert. Nicht nur einmal, gleich fünfmal. Ein Scheidungsgrund der damaligen Zeit war immer wieder, dass eine Frau keine Kinder bekam. Deswegen vermuten wieder andere, dass dies bei dieser Frau der Fall gewesen sei und sich deren Männer deswegen von ihr schnell haben scheiden lassen.

Wir kennen die Hintergründe ihrer Geschichte nicht genau. Wir können die Frau als Opfer einer männerdominierten Gesellschaft sehen oder als untreue Sünderin auf der Suche nach der perfekten Ehe. Ich halte die erste Möglichkeit vor dem Hintergrund der gesellschaftlichen Realitäten für wahrscheinlicher. Aber wie dem auch sei. Ihr Leben war an die Wand gefahren. Oder um es in den Worten des Textes zu sagen: Ihr Durst nach Leben, nach erfülltem Leben, wurde nicht gestillt. Sie litt Durst. Durst nach Liebe, nach Geborgenheit und Treue, nach Verlässlichkeit.

Jesus sagte ihr: Ich gebe dir lebendiges Wasser. Was du suchst (egal, ob als Täterin oder als Opfer) und was alleine Gott dir geben kann, das gebe ich dir! Die Frau ist so entgeistert, dass Jesus ihr, ohne sie zu kennen, vor Augen malt, was mit ihr los ist. Daraufhin erkennt sie Jesus als Retter und von Gott gesandten Messias und sagt es ihren Leuten.

Bis heute werden uns die Worte Jesu überliefert. »Wer von dem Wasser trinken wird, das ich ihm gebe, wird in Ewigkeit nicht dürsten ...«

Das heiß doch, dass wir schon heute lebendiges Wasser genießen können. Die Zusage, die in Gottes neuer Welt perfekt erfüllt werden wird, gilt schon jetzt und hier. Natürlich gibt es einen Unterschied. Natürlich leben wir noch in dieser alten Welt. Aber da ist schon etwas von dem da, was Jesus gibt: lebendiges Wasser, umsonst. Hier und heute.

Und jetzt? Ich genieße das, was Gott schenkt. Ich genieße Gottes Herrschaft – auch wenn ich mir oft wünsche, mehr davon zu sehen. Deswegen will ich Gottes Gegenwart und Gnade in all meinen Lebensbereichen entdecken.

Ich habe Freunde! Mit ihnen kann ich spielen, essen, trinken, erzählen. Wir können Quatsch machen und schreien vor Lachen. Wir können uns in unseren schweren Stunden beistehen. Solche Beziehungen genieße ich. Sie sind ein Ort der Herrschaft Gottes. Sie machen mich satt.

Ich habe ein Dach über dem Kopf und die Heizung funktioniert meistens. Wenn es draußen regnet, kann ich im Trockenen sitzen und heißen Tee trinken. Wenn ich nach langen Reisen nach Hause komme, freue ich mich über meine vier Wände. Ich genieße Gottes Herrschaft dadurch, dass ich ein Zuhause habe.

Ich bin verheiratet und meine Frau und ich sind glücklich, einander zu haben. Zwar haben wir keine leiblichen

Kinder, aber Gott hat uns bei allem Schmerz darüber frei gemacht, für andere, für Jugendliche da zu sein und zugleich auch unsere Partnerschaft zu genießen. Gottes Herrschaft fängt in dieser kleinen, überschaubaren Welt an.

Aber ich bin auch verbunden mit Menschen weltweit. Ich engagiere mich beispielsweise in Mali – durch unsere Gemeinde- und Missionsarbeit – mit dafür, dass zwei neue Schulen gebaut werden. Die christlichen Gemeinden vor Ort werden die Trägerschaft übernehmen. Ich kann dafür beten und spenden. Ich genieße Gottes Herrschaft, die zeichenhaft schon jetzt sichtbar wird und mich mit Menschen auf anderen Kontinenten verbindet.

Ich genieße meine Gemeinde, zu der ich gehöre. Ich sage mir oft, dass sie voll ist von Leuten, mit denen ich natürlicherweise oder aufgrund unserer Interessen wahrscheinlich nichts zu tun hätte. Dass wir dennoch miteinander unterwegs sind, manchmal gemeinsam Lieder singen und beten, dass wir Projekte auf den Weg bringen, miteinander streiten und einander vergeben. Das ist lebendiges Wasser schon heute.

Ich genieße diese Welt. Denn sie ist eben nicht nur dunkel und ungerecht, sie ächzt und stöhnt nicht nur. Sie ist immer noch die von Gott sehr gut gemachte Welt. Wenn ich wandere, dann genieße ich Gott. Aber ich muss dafür nicht in die Alpen fahren. Wenn ich an einem kalten, sonnigen Wintertag an der Ruhr spazieren gehe und spüre, dass ich lebe, dann genieße ich Gott. Ich genieße die Gemeinschaft mit ihm in all diesen alltäglichen Dingen. Schon jetzt.

Ich empfange Vergebung. Ich empfange Gnade. Neulich habe ich mich einem jungen Mann gegenüber arrogant verhalten. Ich fand mich selbst ekelhaft, als ich es durchschaut hatte. Ich musste es eingestehen und um Verzeihung bitten. Das tat zuerst weh. Dann tat es gut, Vergebung zu bekommen. Das ist Himmel auf Erden, lebendiges Wasser jetzt.

Ich genieße, dass meine Suche nach Gott schon jetzt an ihr Ziel gekommen ist. Denn durch Jesus Christus habe ich schon jetzt Gottes Herrschaft und seinen Frieden in meinem Leben. Paulus schreibt: »Da wir nun gerechtfertigt worden sind aus Glauben, so haben wir Frieden mit Gott durch unseren Herrn Jesus Christus …« (Römer 5,1). Was will ich mehr? Ja, es fällt einem schon was ein. Aber als Genussmensch wage ich die Einseitigkeit. Ich gebe mich ganz dem jetzigen Moment hin und sage mir: Es ist Frieden! Alles ist gut. Freu dich. Denn dafür, dass ich lebe und lebendiges Wasser genieße, ist Jesus gestorben und auferstanden.

Wenn ich bete, dann genieße ich Gottes Nähe. Ich genieße es, ihm alles sagen zu können, was mir auf der Seele brennt. Das tut so gut. Das ist das Schönste, was ich kenne. Mein manchmal rastloser Geist findet Ruhe. Meine dürstende Seele wird satt. Gebet ist dann keine Pflichterfüllung oder fromme Übung, sondern der Ort, wo Ströme lebendigen Wassers fließen. Schon jetzt.

Ich schreibe auf, was ich an Gottes Herrschaft in meinem Leben genieße.
Ich notiere die Momente, in denen ich sagen kann: Das ist sehr gut.
Ich ignoriere (für dieses Kapitel und diese Übung) alles, was nicht perfekt ist. Ich vergegenwärtige mir zehn Momente, in denen das lebendige Wasser jetzt schon fließt.
Diesen Satz nehme ich mit:

15 Leidenschaftlich leben

Wasser, lebendiges, sprudelndes Wasser, bedeutet Leben. Leidenschaftliches Leben. Kein abgestandenes Leben, sondern fließendes, sprudelndes Leben. Ich weiß, dass es das in Vollkommenheit erst in Gottes neuer Welt geben wird. Also bleibe ich auf dem Teppich … und erwarte nicht zu viel. Aber ich weiß auch, dass Jesus mir dieses Leben schon jetzt verheißt … also erwarte ich nicht zu wenig! Ich lebe leidenschaftlich. 100 %. Ganz. Frei. Mutig. Aus der Fülle schöpfend, die Gott jetzt schon gibt. Wie das geht?

Ich lebe dankbar.

Denn dadurch werde ich erst zum Genießer. Ich lerne zu sehen, zu hören, zu riechen, zu schmecken und zu spüren, und ich danke Gott, dass er mir das alles schenkt. Dankbarkeit ist der goldene Weg zur Leidenschaft. Die moderne und uns überflutende Achtsamkeitsliteratur macht Ähnliches – nur meistens buddhistisch angehaucht. Ich bin der Überzeugung, dass Dankbarkeit darüber hinausgeht, weil ich nicht nur lerne, achtsam zu leben, sondern auch noch weiß, wem ich zu danken habe. Das macht erst richtig glücklich, denn ich bleibe nicht nur bei mir. Immer schon haben mich dankbare Menschen fasziniert. Sie sind die Glücklichen dieser Zeit.

Gott gibt lebendiges Wasser umsonst – unsere Dankbarkeit darüber verschafft den Zugang.

Ich lebe einen Moment nach dem anderen.

Jesus lehrte seine Jünger, für das tägliche Brot zu beten (vgl. Matthäus 6,11), also einen Tag nach dem anderen zu nehmen. Auch Israel bekam sein Manna, sein Himmelsbrot, Tag für Tag (vgl. 2. Mose 16). Jeder Tag hat genügend Mühen und Plagen, sagt Jesus (vgl. Matthäus 6,34). Es gibt genügend Gründe, sein Leben Tag für Tag zu leben und jeden Moment einzeln zu nehmen. Das macht die ganze Sache intensiv. Probieren Sie es einmal aus. Wenn Sie anfangen, nur den einen Moment zu leben und danach den nächsten und danach wieder den nächsten, dann leben Sie ganz im Hier und Jetzt. Und ich verspreche Ihnen, das macht Spaß und es katapultiert Sie weg von »könnte, hätte, wäre« hinein ins volle Leben. Sie machen das Eine – und das machen Sie ganz. Sie widmen sich ganz der enormen Herausforderung, ganz dem einen Menschen, ganz der Aufgabe, in der Sie stehen. Das kann auch anstrengen, aber vor allem erfüllt es! Wie kann man einen Menschen lieben? Indem man ganz für ihn da ist. Einen nach dem andren. Gott gibt lebendiges Wasser umsonst – Schluck für Schluck, Tag für Tag, Mensch für Mensch, Moment für Moment.

Ich lebe das, wozu ich berufen bin.

Es gibt Berufungen, in die sind wir alle hineingestellt. Wir sind berufen, Jesus zu folgen. Wir sind berufen, Gott zu ehren und diese Welt als seine Repräsentanten zu gestalten. Ich hatte gesagt, dass wir keine Fatalisten sind. Wir gestalten diese Welt, solange es geht. Damit folgen wir unserer Berufung. Das müssen wir uns nicht aussuchen, das ist uns gegeben.

Es gibt auch individuelle Berufungen. Sie haben mit unserem Charakter, unserem Lebenslauf und unseren ganz persönlichen Begabungen zu tun. Auch die müssen wir uns nicht aussuchen. Sie sind eben einzigartig.

Leidenschaftlich lebende Menschen leben ihre Berufung. Sie wissen, was sie zu tun und was sie zu lassen haben. Diese Berufung zu leben, ist nicht unbedingt einfach. Manchmal ist es schwer. Johannes, der alte Jünger Jesu in Ephesus, hat gelitten, um seine Berufung zu leben. Wichtig ist, dass man lebt, wozu Gott einen berufen hat.

Es kann im Beruf geschehen, es kann in Beziehungen geschehen, es kann als Tätigkeit in der Gemeinde geschehen, es kann auch außerhalb der Gemeinde geschehen. Konzentrieren Sie sich auf Ihre Berufung. Gott gibt lebendiges Wasser umsonst – seine Berufung zu leben, führt uns zur Quelle.

Ich lebe großzügig.

Ich geize nicht mit Zeit und Geld und Energie. Ich investiere und verschenke großzügig. Man muss es heute manchmal sagen, weil wir so darauf getrimmt werden, nicht auszubrennen. Und es gibt auch Leute, denen muss man sagen: Achte auf dich. Aber vielen muss man auch sagen: Verschenk dich. Verschenk, was du hast. Sei großzügig.

Leidenschaftlich leben geht nur mit Großzügigkeit. Kennen Sie solche Leute, die ein großes Herz haben und Ihnen deswegen viel schenken? Das sind lebendige Leute, oder? Ich kenne Leute, die es übertreiben. Aber sie sind lebendiger als mancher, der mit seinen Ressourcen knausert. Gott gibt lebendiges Wasser umsonst – das ist großzügig von Gott und das macht uns großzügig.

Ich lebe ganz.

Wie ein verliebter Mensch, dessen Gedanken nur noch um »die Eine« oder »den Einen« kreisen, so leben leidenschaftliche Menschen. Ganz. Sie kennen sicher den Unterschied von Kellnern, die lustlos ihre Tabletts durch die Gegend tragen und pflichtgemäß die Bestellung aufnehmen – und solchen, die ihren Job ganz machen, ganz bei Ihnen sind und mit ganzem Engagement kellnern. Sie kennen den Unterschied auch bei Busfahrern, Finanzbeamten, Pastoren oder Musikern. Leute, die ihre Sache ganz machen, sind ganz da (in dem einen Moment!) und leben leidenschaftlich, wie Verliebte. Gott gibt lebendiges Wasser umsonst – das ist 100 % Leben.

Ich lebe bedürftig.

Wir meinen, wir könnten nur leidenschaftlich und großzügig leben, wenn wir alles haben und von dem, was wir haben, abgeben können. Das ist unsere Mathematik. Aber das ist ein Irrtum, dem ich selbst oft unterliege. Als schwacher, ohnmächtiger und bedürftiger Mensch lebe ich leidenschaftlich. Der christlichen Gemeinde in Laodizea wird genau das vorgeworfen. Sie ist der Meinung, alles zu haben und reich zu sein, aber sie erkennt gar nicht, »dass du erbärmlich und bemitleidenswert und arm und blind und nackt bist …« (Offenbarung 3,17). Eine solche Gemeinde ist weder kalt noch heiß. Sie ist lau und langweilig.

Meine Bedürftigkeit macht mich nahbar und lebendig. Bedürftiges Leben ist kein laues Leben, das abgespult wird. Es ist die Armut und Ohnmacht, die mich lebendig erhält. Ich hatte ja erwähnt, dass das Gebet für mich ein großer Segen ist. Genau das erlebe ich hier. Als bedürftiger, armer Mensch komme ich zu Gott. Und da erlebe ich, dass er mich beschenkt und mit mir ist.

Ich bleibe bedürftig – und damit ein unperfekter Mensch. Ich werde auch niemals perfekt dankbar sein, perfekt im heutigen Tag und Moment leben, ich werde oft schon in Gedanken woanders sein und aus diesem Grund Menschen nicht wirklich lieben. Ich werde meine Berufung vergessen oder ignorieren und kleinkariert leben. Aber wenn ich bedürftig bin, bin ich auch der, der aus Gottes Gnade lebt. Den Gott in seinen Grenzen liebt und segnet!

Und das gilt auch für die materielle Seite unseres Lebens. Viel zu besitzen, birgt die Gefahr, sich abzuschotten und zu satt zu werden. Arme Menschen sind häufig nahbarer. Reichtum macht uns einsam.

Gott gibt lebendiges Wasser umsonst – ich bin und bleibe sehnsüchtig und bedürftig. Das tut manchmal weh. Aber vor allem befreit es mich vom Perfektionswahn.

Ich sehne mich nach Christen, die leidenschaftlich leben. Ich will selbst so einer sein. Ich bin überzeugt, dass unsere Gemeinden eine starke Ausstrahlung bekommen, wenn wir so leben.

Der Clou ist der: Weil ich weiß, dass Gott später einmal alles neu machen wird und meine Zukunft in Gott geborgen ist, bin ich frei, dieses Leben leidenschaftlich zu leben und zu gestalten. Die Jahreslosung 2018 ist keine Jenseitsvertröstung, sondern echter Trost. Sie ist Jenseitstrost, der mich für das Diesseits tauglich macht.

Christen wird immer wieder vorgeworfen, sie würden mit ihrer Botschaft auf das Jenseits lediglich vertrösten. Ich kann diesen Vorwurf nicht akzeptieren. Es gab diese billige Masche zwar immer wieder und es mag sie auch heute noch vereinzelt geben. Diese Vertröstung, die vermeidet, sich mit dieser Welt hier und heute zu befassen. Das wäre natürlich zu wenig. Aber Christen sind bekannt dafür, dass sie diese Welt mitgestalten, für sie beten, Liebe verbreiten und ein Segen sind.

Was heute viel eher vorkommt, ist die Diesseitsvertröstung. Sie geschieht, wenn so getan wird, als könne uns diese Welt genug geben, als könne der Himmel auf Erden geschaffen werden. Man will alles rausholen, was rauszuholen ist. Im Diesseits allein Trost finden – das ist Diesseitsüberforderung und Diesseitsvertröstung.

»Ich will dem Durstigen geben von der Quelle des lebendigen Wassers umsonst« (Offenbarung 21,6; LUT). Das ist Trost, der im Jenseits ganz erfüllt wird und für das Diesseits stärkt. Dieses Buch will genau das. 2018 wird genauso spannend und aufregend wie das Jahr zuvor und danach. Denn Gott gibt Ihnen lebendiges Wasser – umsonst!

ZUM WEITERDENKEN

Was hindert mich daran, leidenschaftlich zu leben?
Was möchte ich lernen?
Welche neue Gewohnheit könnte mir helfen, leidenschaftlich zu leben?
Diesen Satz nehme ich mit:

Anmerkungen

1 Die einen meinen, das »Evangelium nach Johannes« sei viel später entstanden und es könne nicht der Jünger Johannes gewesen sein, der es schrieb. Ich meine, es sei der Jünger gewesen. Dafür gibt es gute Gründe: Johannes bietet als einziger der vier Evangelisten keine Sortierung der Ereignisse um Jesus nach der Geografie, sondern nach zeitlicher Abfolge. Johannes beweist chronologische Detailkenntnis. Detailkenntnis beweist er auch, wenn er Ortsangaben macht. Johannes kennt sich aus wie einer, der dabei war. Und weil er lange gewartet hat, um das Erlebte aufzuschreiben, wird auch erklärbar, warum er viel stärker den auferstandenen Jesus verkündet als den gestorbenen.

2 Ich folge hier, wie an vielen anderen Stellen, den Ausführungen von Adolf Pohl: Wuppertaler Studienbibel, »Die Offenbarung des Johannes«, Wuppertal, 7. Auflage 1984. Für nähere Begründungen bitte bei ihm nachlesen.

3 Nach Stauffer, in: Die Wuppertaler Studienbibel, »Die Offenbarung des Johannes«, A. Pohl. Fußnote 10, S. 23. Band 1, Wuppertaler Studienbibel.

4 Martin Luther: Vorrede zur Deutschen Bibel, WA.DB 7, S. 404, 13f.

5 Philip Yancey: Zurück zur Gnade. Wie wir wiederfinden, was uns verloren gegangen ist, Witten, SCM R.Brockhaus 2016.

6 Adolf Pohl schreibt in seinem Kommentar zur Offenbarung des Johannes, dass das Wort »anbeten« in der Offenbarung 24-mal von insgesamt 59 Nennungen im Neuen Testament vorkomme. Er meint, dass diese und andere verwandte Nennungen den Eindruck verstärken, »dass es dem Buch um Anbetung geht« (A. Pohl: Die Offenbarung des Johannes, 1. Teil, S. 20, Wuppertal 1984, 7. Auflage). »Die Menschheit betet!«, sagt er, und die Menschen bräuchten etwas, vor dem sie sich beugen könnten. Aber vor allem wird in dieser Themenstel-

lung deutlich, dass sich dieser Kaiser Domitian erhob und erwartete, angebetet zu werden. Er wollte als Gott angebetet werden und beanspruchte etwas, das alleine Gott zusteht.

7 Wenn man die Frage »Was bedeutet lebendiges Wasser« googelt, kommt man auf Internetseiten, die sich intensiv mit Wasserqualität auseinandersetzen. Dabei spielen bei den Ratgebern verschiedene Kriterien eine Rolle. Aber eins ist klar: Lebendiges Wasser muss in Bewegung sein, ist natürlich, gesund. Man landet auch auf spirituellen Seiten, die davon berichten, dass Wasser heute in der Regel »tot« sei. Durch Umwelteinflüsse, Chemikalien, Umleitungen von Wasser verlöre das Wasser an Qualität. Man könne es wieder lebendig machen durch »Magnetisierung« oder »Energetisierung«. Nun gut.

Lebendiges Wasser im biblischen Zusammenhang ist nichts anderes als »fließendes« Wasser. Wasser, das aus einer Quelle strömt und fließt. Für Juden gilt bis heute ein umfassendes Regelwerk an Reinigungsritualen. Eine ganz grundsätzliche Regel ist die Reinigung mit Wasser. In jeder Synagoge gibt es dafür eine sogenannte Mikwe. Bei diesen Waschungen geht es nicht um Hygiene, sondern um eine rituelle, geistliche Reinigung. Das Wasser, das dafür verwendet wird, soll fließen. Das heißt: Man wäscht sich nicht in einer Schüssel, sondern nimmt zumindest Wasser mit einem Becher aus einer Schüssel und reinigt seine Hände unter dem Wasser, das ausgeschüttet wird und abfließen kann. Es soll aus einer Quelle kommen, aus dem Grundwasser oder Regenwasser. Noch besser ist es aber, wirklich fließendes Wasser zu haben.

Wenn in der Bibel von »lebendigem Wasser« die Rede ist, dürfen wir uns nicht moderne Wassersysteme vorstellen – außer in Rom. Dort gab es ein ausgeklügeltes System von Brunnen und Leitungen, das seinesgleichen suchte. Man nimmt an, dass die Römer einen höheren Wasserverbrauch pro Einwohner hatten als die Deutschen heute. Für die Israeliten zur selben Zeit war das fremd, weil Wasser so kostbar war. Umso erstaunlicher, dass Herodes, der bauwütige und paranoide Herrscher in

Israel zur Zeit Jesu, einen eigenen Swimmingpool hatte. Der leidenschaftliche Schwimmer zog seine einsamen Bahnen in Sichtweite zu jenen Feldern, auf denen die Hirten ihre Schafe hüteten, denen die Engel als Erste die Geburt des Retters der Welt und des Königs der Juden verkündeten. Er ließ das Wasser in die karge Gegend leiten und liebte den Luxus von fließendem Wasser, das er für sein Hobby nutzen konnte. Das war Luxus pur.

Für den normalen Juden war lebendiges Wasser einfaches Wasser aus einer Quelle oder einem Bach. Es war das Gegenteil von stehendem und somit bald abgestandenem Wasser. Und damit war es Inbegriff an Reinheit und Erfrischung. Und es war immer kostbar.

8 Ab hier kann man nur die »Gute Nachricht Bibel« zitieren (genauere Begründung in: »Darauf kannst du dich verlassen – wie Gottes Zusagen mein Leben verändern«, Ansgar Hörsting, S. 69-71, Witten 2015).

9 Aus Amerika, überliefert von Pfarrer H. Hoffmann, Hannover, gefunden bei Klaus Berger: Wie kommt das Ende der Welt, Stuttgart 1999, 227f.

10 Mehr zu dieser Debatte in »Tabuthema Hölle – Wege aus dem Schweigen« von Ulrich Neuenhaus (Hrsg.), Edition Forum Wiedenest 2015.

11 DIE ZEIT, 11.2.2016, S. 39.

12 Noch etwas zur Körperhaltung, speziell dem Niederknien. Ich weiß, manche haben es als leere Form in ihrer Kindheit oder Jugend erlebt und haben knien müssen. Sie haben sich befreit von einem gesetzlichen Umgang mit dieser Körperhaltung. Aber ich bin überzeugt: Wer kniet, dessen Herz lernt davon. Können wir das nicht ernsthaft und locker zugleich praktizieren? Ich sehne mich danach.

13 Michael Kelly Blanchard: Be Ye Glad, Gotz Music, 1980. Deutsch: Andreas Malessa.

Ansgar Hörsting

Leben heißt unterwegs sein

Ein Begleiter für die Reise

Jede Reise hat ihre Höhe- und Tiefpunkte, besteht aus bestimmten Phasen, die durchlaufen werden. So auch das Leben. Vorbereiten, aufbrechen, gehen, pausieren, durchhalten, zurückblicken, ankommen – immer und immer wieder.

Ansgar Hörsting hat zu jeder dieser Phasen kleine Texte geschrieben – kurze Impulse, die zum Verweilen und Innehalten einladen und dem Leser helfen, den Moment zu reflektieren und Gottes Wirken im eigenen Leben zu entdecken. Ein wertvoller Begleiter auf Reisen oder im Alltag.

Kunstleder, 9 x 14 cm, 160 Seiten
ISBN 978-3 417-26542-2
Auch als E-Book e

SCM

R.Brockhaus